ERNST OTT
Pluto im Steinbock

W0191514

astronova Sonderausgabe

ERNST OTT

Pluto im Steinbock
2008 – 2024

Neues Leben blüht aus den Ruinen

ISBN 978-3-937077-31-6

Nur zu beziehen über:
astronova Versand. Postfach 1250, D-72002 Tübingen
www.astronova.com

Inhalt

Sechzehn Jahre des Umbaus 7

Die Befruchtung des Bodens 13

    Symbolgehalt und Mythos von Pluto im Steinbock 13

Und neues Leben blüht aus den Ruinen 27

    Drei Schlüsselbegriffe 27

    Dreifache Prozesse 32

    Erste Phase: Zerstören der Mauern 34

    Zweite Phase: Neues Leben blüht in den Ruinen 39

    Dritte Phase: Auferstehung des Begrabenen 45

    Ängste zerstören 51

    Zeit lassen! 52

    Schatten wecken 53

    Zusammenfassung 54

Steinbock-Pluto-Themen im Zeitgeschehen 56

    Zur Zeit der Reformation 1516 – 1532 58

    Zur Zeit der Aufklärung 1761 – 1778 62

    Heute 2008 – 2024 69

    Zusammenfassung 74

Steinbock-Pluto-Themen beim Individuum 75

    Psychologische Dynamik 75

    Regeln verändern 78

Das Haus renovieren... 80

Besonders betroffen: Saturn und Pluto Persönlichkeiten 81

Zusammenfassung.. 85

Pluto-Transit zum Geburtshoroskop *86*

Orbis 86

Aspektklasse.. 87

Steinbock-Pluto im Aspekt zur Sonne 92

Steinbock-Pluto im Aspekt zum Mond................................. 94

Steinbock-Pluto im Aspekt zu Merkur................................. 95

Steinbock-Pluto im Aspekt zu Venus................................... 97

Steinbock-Pluto im Aspekt zu Mars 100

Steinbock-Pluto im Aspekt zu Jupiter und Saturn............... 102

Steinbock-Pluto im Aspekt zu Uranus, Neptun und Pluto.. 104

Steinbock-Pluto im Aspekt zum Aszendenten..................... 105

Steinbock-Pluto im Aspekt zum MC.................................. 108

Sonstige Auslösungen 109

Sechzehn Jahre des Umbaus

Pluto im Steinbock zeigt eine Epoche an, in der manche Festung in Trümmer fallen und aus manchem Trümmerfeld neues Leben erblühen könnte. Es ist eine Zeit des Umbaus. Falls der Umbau gelingt, wird die Welt in 16 Jahren sicherer und krisenfester sein als heute. Es geht darum, gute Fundamente zu legen für langfristige Entwicklungen. Dazu liefert uns die Astrologie gute Baupläne; wie wir diese lesen und umsetzen, das liegt natürlich an uns selbst.

Diese Schrift verfolgt drei Ziele. Sie entstand während der ersten Monate nach Plutos Eintritt in das Steinbockzeichen, und ich schrieb sie primär aus dem Wunsch heraus, die aktuelle Epoche mit Pluto im Steinbock mit einer kreativen Haltung zu begrüßen. Ich möchte in den Leserinnen und Lesern die Faszination für das mögliche Neue wecken. Nicht alles, was heute Standard ist, muss auch in 16 Jahren noch nützlich sein. Es ist also damit zu rechnen, dass Projekte und Verhaltensweisen, deren Zeit vorbei ist, teils einstürzen werden, teils von vernünftigen Menschen abgebrochen werden, bevor die Bausubstanz wackelig wird und Menschen in Gefahr kommen. In beiden Fällen gibt es eine Phase, in der Trümmer herumliegen. In den folgenden Kapiteln werde ich zeigen, dass wir die freie Wahl haben, über diese Trümmer zu schimpfen oder – wie Kinder, die gerne durch Abbruchlandschaften spazieren – sie als interessanten Fundort für neue Ideen zu nutzen. Und natürlich ist das Zeichen Steinbock optimal geeignet, um nachher etwas aufzubauen, im Idealfall stabiler und besser als zuvor.

In zweiter Linie geht es um einen Versuch, Pluto – den unbekanntesten Planeten – etwas besser zu verstehen. Im Unterschied zu den sieben alten Planeten, die seit Jahrtausenden bekannt sind, gehört er zu den Neulingen. Die sieben alten Planeten haben seit ihrer Entdeckung Hunderte oder Tausende Male ihren Kreis durch alle Tierkreiszeichen vollzogen. In unserem Wissen über sie steckt die reiche empirische Erfahrung von ungezählten Generationen. Nicht so bei Pluto, denn er hat seit seiner Entdeckung erst einen halben Kreis durchlaufen. Der Wunsch, jetzt mehr über ihn zu erfahren, ist also verständlich, und die Chancen stehen gut, denn Pluto erreicht im Steinbock die Oppositions-Stellung zu seiner Entdeckungs-Position. Oppositionen bieten immer eine Chance zu Objektivierung und Erkenntnis.

Als 1930 Pluto zum ersten Mal gesichtet wurde, stand er bei 18° Krebs. Im Jahr 2017 wird er genau gegenüber den achtzehnten Grad Steinbock erreicht haben (siehe Abbildung 1).

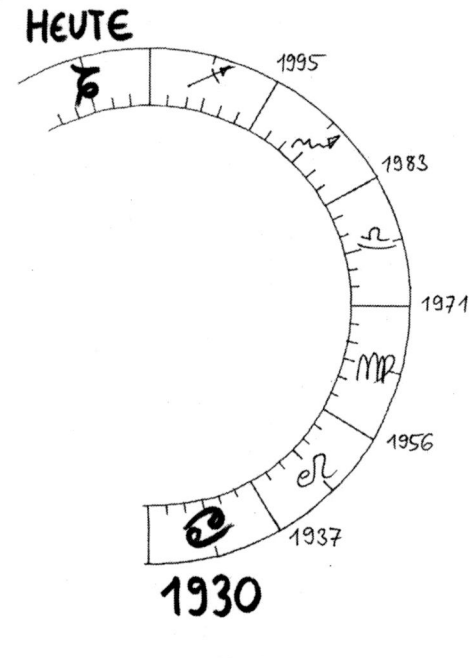

Abbildung 1

1930 ist Pluto in unser Bewusstsein getreten. Um ihn wirklich zu verstehen, und sein volles Potential zu erkennen, braucht es natürlich etwas Zeit. Gewöhnlich kennen wir etwas frühestens dann, wenn es einen vollen Tierkreis durchlaufen hat. Wenn Pluto zwei bis dreimal alle zwölf Tierkreiszeichen durchlaufen haben wird, etabliert sich ein Muster der Erfahrung, und erst dann hat die Menschheit eine Grundlage, um Pluto vollständig zu verstehen. Das große faszinierende Wissen, das wir heute bereits über Pluto haben, kann erst ein winziger Bruchteil der Wahrheit sein. Es ist gut, sich diesen Unterschied zwischen Pluto und den übrigen Horoskop-Symbolen immer wieder bewusst zu machen.

Seit der Entdeckung hat sich uns Pluto in der Hälfte der Tierkreiszeichen offenbart. Die Opposition ist ein Wendepunkt im Gesamtumlauf. Von dort aus ist der Abstand zur Konjunktion maximal groß, und aus dieser Distanz heraus ist Objektivierung und Erkenntnis möglich. In gewissem Sinne können wir Pluto ein Stück weit „von außen" betrachten. Wenn wir Astrologen uns nicht ganz ungeschickt anstellen, dann dürfen wir auf einen Quantensprung in unserem Wissen über die Pluto-Symbolik hoffen.

Damit sind wir beim dritten Ziel dieser Publikation: Sie möchte einen Beitrag leisten, dass wir uns von den subjektiven Ängsten entfernen können, die oft mit Pluto verbunden sind und zu einer realistischeren Einschätzung dieses Symbols kommen. Dazu eignet sich natürlich das Steinbockzeichen besonders, weil es ja nicht mit emotionalen Verflechtungen zu tun hat, sondern objektive Erkenntnis anstrebt. Je näher man an der Konjunktion ist, desto kleiner ist die erkenntnisfördernde Distanz und desto größer das subjektive Verknüpftsein mit einem Thema. Den ersten Plutodeutungen in den Jahren nach seiner Entdeckung merken wir heute an: Die Autoren waren überwältigt durch das unbekannte Neue, befangen durch die Angst vor den Schatten. Diese ersten Deutungen sprachen fast ausschließlich von Katastrophen. Astrologen untersuchten Pluto in Horoskopen von Mördern und Gewalttätern, sie versuchten die Schrecken des Faschismus mit Pluto zu erklären. Damit erwischten sie einen kleinen Zipfel der Wahrheit, aber durch die zeitliche Nähe und persönliche Betroffenheit natürlich nicht das objektive Ganze.

Es wäre zu wünschen, dass dies in den nächsten 16 Jahren anders wird. Wir erhalten nun die Chance, Pluto als vollwertiges Mitglied in die Reihe der Planetensymbole aufzunehmen. Dies bedeutet aber: Es gelten die gleichen Regeln wie für die andern Planeten. Keiner von ihnen ist schlechter als der andere, jeder einzelne enthält Gefahren und Chancen, in jedem einzelnen Planeten steckt einfach wertfrei gesprochen ein bestimmtes Thema, ein Potential. Auch bei Pluto gibt es 50 % Gefahr und 50 % Chance, wie bei allen übrigen Symbolen. Erst wenn wir es schaffen, Pluto nicht länger als „besonders schwierigen Planeten" zu verteufeln, haben wir ihm volles Existenzrecht im Kreis der Planetenfamilie verliehen.

Wir brauchen uns nicht zu schämen, dass uns dies bisher noch nicht so recht gelungen ist. Unsere Astrologengeneration hat es dafür geschafft, die frühere Stigmatisierung Saturns aufzulösen, der noch vor wenigen Jahrzehnten als reiner Angst- und Schicksalsplanet gesehen wurde. Wir erkennen heute Saturns stabilisierende Kraft. Saturn steht auch für Sicherheit. Wir sehen in ihm inzwischen ebenso viele Vorteile wie Nachteile und können besser mit ihm umgehen. Dasselbe sollte spätestens ab 2017 auch für Pluto gelten, wenn dieser seinen ersten Halbkreis unter den Augen der forschenden Menschen vollendet hat.

Die Pluto-in-Steinbock-Epoche ist also nicht nur eine Zeit des Umbaus, sondern auch des Umdenkens. Mein Gefühl sagt mir, dass Astrologinnen und Astrologen eine zentrale Aufgabe in dieser Zeit haben, nämlich den Menschen zu helfen, Tabus und Vorurteile abzubauen. Pluto öffnet Tabus. Saturn ist die Fähigkeit, das Notwendige zu erkennen und anzupacken. Wer bisher plutonische Inhalte verdrängt hat, bekommt eine Chance, diese akzeptieren, lieben und nutzen zu lernen. Wer zuvor auf Steinbock-Notwendigkeiten mit dem Vorurteil reagiert hat: „Das schaff ich nicht, das wird schief gehen", erhält künftig die Gelegenheit, diese Haltung als Vorurteil zu erkennen. Schlecht gelebter Steinbock ist immer mit schlechten Gefühlen und Gejammer verbunden. Das Opfer tut sich leid. Nun erhalten die Menschen Gelegenheit, die Ebene zu wechseln, die Realität genau zu betrachten und die Lösungen dort zu suchen, wo sie objektiv möglich sind.

Astrologie kann den Menschen bei diesem Umdenken eine große Hilfe sein. Astrologinnen und Astrologen haben dabei eine wertvolle erzieherische Aufgabe. Um dieser gerecht zu werden, braucht es allerdings Berater, die selbst zum Umdenken bereit sind. Ich vermute, dass einer der Knackpunkte in der Frage besteht, ob es uns gelingt, bisher „gefürchtete" Planeten nun positiver zu deuten. Am Anfang dieser Epoche gilt es also für uns Astrologen, unsere Hausaufgaben zu machen: Wir sollten damit aufzuhören, bestimmte Planeten zu verteufeln.

Interessanterweise präsentiert uns die aktuelle Konstellation zwei Symbole, die meist keine spontanen Freudensprünge hervorrufen. Sie können das leicht testen, wenn Sie unter Astrologie-Interessierten oder in einem Astrologie-Einsteiger-Kurs nach spontanen Assoziationen zu Steinbock oder zu Pluto fragen. Bei anderen Symbolen fallen den Leuten recht ausgewogen positive und negative Entsprechungen ein. Man findet die meisten sogar irgendwie interessant. Mars und Widder: Kann sich durchsetzen ist spontan und vital. Venus und Stier: Sinnlich, genießend, naturliebend. Schon bei der Jungfrau wird es etwas kritischer, erst recht aber bei Skorpion und Pluto. Plötzlich fallen den Teilnehmern überwiegend negative Eigenschaften ein. Jeder zweite erzählt von einschlägigen Erfahrungen mit Skorpionen, die besonders üble eifersüchtige Machtmenschen seien. In Kursen müssen die Leiter manchmal sogar aufpassen, dass sich niemand beleidigt fühlt, der im eigenen Horoskop eine Skorpion- oder Pluto-Komponente stehen hat. Sie müssen dann klarstellen, dass dies kein Geburtsfehler ist, sondern ein Charakterzug wie jeder andere auch. Nach dem Skorpion kommen Jupiter und Schütze – kein Problem, die Assoziationen sind freundlich, den Teilnehmern geht das Herz auf. Doch dann Steinbock und Saturn: Wieder ein Tummelfeld von negativen Vorurteilen!

Natürlich gibt es negative Steinböcke. Das merken wir uns dann als Erfahrungstatsache. Manchmal aber erwerben wir mit der Erfahrung auch eine Brille, die Negatives vergrößert und Positives ausblendet. Dann sind wir natürlich nicht mehr vorurteilsfrei. Wir Astrologen sollten mit dem guten Beispiel vorangehen und überall 50 % Gefahren und 50 % Chancen vermuten. Noch besser wäre es vielleicht, gar nichts zu vermuten, sondern wertfrei das Thema zu beschreiben, die besondere Energie, die mit jedem Archetypus verbunden ist. Jeder ist auf unterschiedliche Weise nützlich und liebenswert.

Pluto im Steinbock ermöglicht Aufbau und Umbau. Doch vor dem Umbauen kommt das Umdenken. Diese Konstellation ist für Astrologinnen und Astrologen eine Chance zur Selbsterziehung. Nutzen wir diese Gelegenheit, uns vermehrt in wertfreien Deutungen zu üben! Keine schwarzen Schafe mehr in der Planetenfamilie!

Zusammenfassung

Zum ersten Mal seit seiner Entdeckung tritt Pluto in das Steinbockzeichen, und zu ersten Mal bildet er die bewusstseinsfördernde Opposition zur Stelle seiner Entdeckung bei 18° Krebs.

Steinbock hat mit Stabilität und Bauen zu tun, Pluto mit Veränderungen und Wandel. Insgesamt stehen also die Themen Abbau, Veränderung, Umbau und Wiederaufbau im Zentrum. Ein Zusammenbruch von überlebten Strukturen ist mancherorts zu erwarten, genauso wie ein unerwartetes Aufblühen von neuem Leben aus Ruinen, also dort, wo wir es nicht mehr erwartet hätten.

Weil sowohl Steinbock als auch Pluto unter anderem mit Angst in Verbindung gebracht werden und nicht immer leicht zu integrieren sind, überwiegt bisher oftmals die negative Deutung dieser Symbole. Es wäre also wünschenswert, wenn Astrologinnen und Astrologen die Zeit des Umbaus auch zum Umdenken nutzen würden. Das könnte bedeuten: Ängste abbauen, objektiver beobachten und vorurteilsfreiere Deutungen für Pluto und den Steinbock entwickeln.

Die Befruchtung des Bodens

Symbolgehalt und Mythos von Pluto im Steinbock

Pluto versteht man nicht nur mit dem Kopf. Ein Symbol, das so tief mit unbewussten Inhalten verknüpft ist, gehorcht nicht den Gesetzen der Logik. Daher ist das erklärende Wort eigentlich kein optimales Mittel, sich Pluto anzunähern. Wir bräuchten Bilder, Erlebnisse, Emotionen, Rituale. Dafür ist das Buch kein besonders geeignetes Medium. Ich bediene mich also der Sprache, versuche aber immer wieder in Bildern zu sprechen. Denn Bilder sind ein Tor zum Unbewussten.

Leserinnen und Leser, welche eine exakte Sprache lieben, um die Dinge logisch zu verstehen, und die gerne Begriffe wissenschaftlich abgrenzen, um so zu eindeutigen verbalen Definitionen zu gelangen, solche Menschen möchte ich bitten, sich diesmal auf eine etwas offenere Sprache einzulassen, eine Sprache von Metaphern und Bildern. Was dabei an Eindeutigkeit verloren geht, gewinnen wir an Tiefe. Wenn ich poetisch begabt wäre, würde ich sogar zu einer dichterischen, bewusst mehrdeutigen und paradoxen Sprache greifen. Diese wäre unserem Untersuchungsgegenstand besonders angemessen. Denn bei Pluto – und beim Wesen des Menschen überhaupt – ist mit Eindeutigkeit und Logik nicht viel auszurichten, sind wir doch bei allen ehrenwerten Versuchen vernünftiger Lebensführung im Kern irrationale Wesen. Und Astrologie hat den Anspruch, den Kern zu erfassen.

Ich setze bei antiken Mythen an, die in archetypischen Bildern sprechen. Durch die Verknüpfung von zwei bekannten Mythen, entsteht eine neue Geschichte, die exakt der astrologischen Symbolik von Pluto im Steinbock entspricht:

Ein alter Gott, der von den Menschen Saturn genannt wird, steht in Italien auf einem steinigen Acker. Es ist das antike Latium. Diese faszinierende Landschaft rund um Rom und südlich weiter der späteren Via Appia entlang ist zu jener Zeit noch eine kaum bewohnte waldreiche Naturlandschaft. Ein milder Vorfrühlingstag bricht an. Das Feld ist unbebaut und mit Steinen übersät. Weit und breit ist kein Mensch zu sehen. Fern ist jede Zivilisation, und Saturn weiß: Hier kann mir nur einer helfen, nämlich ich selbst. Er steht vor einer großen Aufgabe. Er hat nicht nur diesen steinigen Acker zu kultivieren, sondern soll von hier aus dem ganzen späteren Volk von Rom eine wirtschaftliche Lebensgrundlage schaffen. Seiner Natur gemäß nimmt er diese Aufgabe sehr ernst, aber er kann sich noch nicht darauf freuen. Das wird sich in den nächsten Stunden ändern.

So beginnt die Geschichte von der Befruchtung des Ackers in Latium, die anschließend weiter erzählt wird. Sie ist der Kernmythos zum Verständnis der Prozesse von Pluto im Steinbock.

Mythen sind für die Astrologie von essenzieller Bedeutung. Wie ist nun das mythologische Bild von Pluto im Steinbock? Genau genommen gibt es nur Pluto-Mythen. Steinbock ist ein Tierkreiszeichen und keine mythologische Figur. Die Zeichen sind eher Landschaften in denen die Figuren auftreten. Man müsste Pluto demnach auf ein Hochgebirge setzen, dort, wo die Steinböcke leben, oder sonst auf ein steiniges, archaisches Stück Natur. Das ist für mich der Acker in Latium.

Ich greife dabei zu einem Trick und ersetze Steinbock einfach durch Saturn, jene mythologische Figur, die dem Steinbock am meisten entspricht. Im astrologischen Fachjargon ist Saturn „Herrscher" des Steinbocks. Orientieren wir uns also zuerst an den Figuren Pluto und Saturn.[1]

---

[1] Obwohl die meisten Mythen der Planetengötter aus der griechisch-hellenistischen Kultur stammen, benutze ich hier und im folgenden konsequent die lateinische Namensform der Götter, also nicht Hades, sondern Pluto; nicht Kronos, sondern Saturn usw. So haben wir stets den Bezug zur astrologischen Symbolik. Um kein Sprachgewirr zu schaffen, bleibe ich auch bei Figuren, die nicht im Horoskop vorkommen bei der lateinischen Form. Plutos Gattin erscheint demnach nicht als Persephone, sondern als Proserpina, die Demeter als Ceres.

Die Beziehung dieser beiden faszinierenden Gestalten wird uns die entscheidenden Hinweise auf die Deutungsstichwörter für Pluto im Steinbock liefern, die wir im nächsten Kapitel daraus ableiten werden. Es gibt in den überlieferten Mythen nur zwei Begegnungen zwischen diesen Göttern. Beide sind kurz, dramatisch und schicksalhaft. In der ersten Szene frisst Vater Saturn seinen Sohn Pluto, in der zweiten spukt er ihn wieder aus. Das so bedeutsame Bild des kinderfressenden Saturn erklärt nicht nur die Ängste des Patriarchen vor lebendiger Entwicklung, sondern klärt auch für unseren Zusammenhang vieles. Wie ist es dazu gekommen, dass Vater Saturn den Pluto sowie übrigens auch Neptun und mehrere Töchter verschlingt?

Die Vorgeschichte ist bedeutsam. In ihr zeigt sich Saturn von einer weit freundlicheren Seite. Mit der segensreichen Herrschaft von Saturn und seiner Gattin Rhea ist die lange weltgeschichtliche Periode der Jungsteinzeit verbunden. Dieses erdhafte Götterpaar stand für den entscheidendsten Umbruch in der Menschheitsgeschichte überhaupt, für die neolithische Revolution: Durch sie waren Menschen nicht länger auf das Glück von Jagen und Sammeln angewiesen, sondern wurden sesshaft. Sie kultivierten Korn, züchteten Vieh, legten Vorräte an und schufen so die Grundlage für Dörfer, Städte, für alle folgenden Zivilisationen und Hochkulturen. Die alten Griechen sprachen von diesem Zeitalter des Saturn stets als dem goldenen Zeitalter.

Man kann verstehen, dass Saturn stolz auf diese Leistung war. Man kann auch verstehen, dass er diesen errungenen Zustand nicht leichtfertig wieder aufs Spiel setzen wollte. Nach und nach bildete sich in ihm jedoch eine ähnliche Einstellung heraus, wie wir sie von erfolgreichen politischen Reformern kennen: Einige Zeit nachdem sich ihre Reform durchgesetzt hat, beginnen sie konservativ zu werden. Weitere Änderungen scheinen ihnen überflüssig. Weil es sich bewährt hat, wollen sie weitermachen wie bisher. Es ist ihnen unverständlich, dass die Entwicklung weiter voranschreitet und nun eine neue Generation neue Reformen braucht. Ihre Angst vor Machtverlust und Veränderung tarnen diese Politiker, indem sie vernünftig argumentieren und sagen: „Es war doch ein Erfolg, und es wäre unsinnig, nicht genau so weiter zu machen wie bisher!" Dass sich die Welt inzwischen verändert hat, können sie nicht sehen, höchstens wundern sie sich, wenn ihre eigenen Kinder ungehorsam werden und mit Rebellen sympathisieren.

Der stets ins Extreme dramatisierende Mythos erfand das geniale Bild des alten Saturn, der seine Kinder verschlingt: Er zerstört damit seine eigene Zukunft. In gewisser Weise ist es wahr, dass Kinder eine Bedrohung darstellen: Sie gehören einer anderen Generation an, sie denken anders. Sie sind zwar unser eigenes Fleisch und Blut, dennoch können sie uns fremd werden. Zuletzt überleben sie uns auch noch, es ist uns also in der Regel nicht möglich, sie bis zum Tod zu kontrollieren. Saturn begräbt die nächste Generation in seinem Magen.

Der Mythos erzählt, dass Jupiter, das jüngste Kind, von der Mutter Rhea heimlich weggebracht wurde, um ohne Wissen des Vaters auf einer fernen Insel eine glückliche Jugend zu verbringen. Als junger Erwachsener kehrt Jupiter unerkannt zurück und gibt Saturn einen präparierten Trank, der ihn erbrechen lässt. So befreit er die verschlungenen Geschwister, die ihm anschließend helfen, den Vater abzusetzen und die neue Herrschaft der Olympier aufzubauen. Unter deren Patronat erblüht dann die hellenistische Kultur, Philosophie und Demokratie. Der Mythos schildert diesen Generationswechsel, die Zeit der Titanenschlacht, als erbitterten Kampf. Doch schließlich wird Saturn besiegt und weit weg nach Italien verbannt. Er erhält den Auftrag, in Latium noch einmal von vorn anzufangen, indem er einen steinigen Acker fruchtbar macht.

In der neuen Göttergeneration aber wird die Herrschaft jetzt geteilt: Jupiter erhält den Himmel, seine ehemals verschlungenen Geschwister die übrigen Teile der Welt. Pluto erhält wie wir wissen den Hades, das unterirdische Reich der Schatten.

Wenn aber Saturns Frau Rhea nicht zu einem Trick gegriffen und das jüngste Kind Jupiter gerettet hätte, dann wäre dies das Ende aller Weiterentwicklung, das Ende der Menschheit gewesen.

Saturn steht auf dem Acker in Latium. Es sind Jahrhunderte vergangen, und immer noch fragt er sich: „Wie konnte es dazu kommen?" Durch die damaligen Ereignisse ist ihm sehr klar geworden, dass Verdrängung und Be-

seitigung von Kindern nicht zum Ziel führt. Aber Saturn ist ein gründlicher Nachdenker, und noch nicht ganz fertig mit seinen bitteren Erinnerungen. Auch das wird sich im Verlauf dieses schicksalhaften Tages ändern, denn eine befreiende Wiederbegegnung mit seinem Sohn Pluto steht bevor. Saturn bewegen widersprüchliche Gedanken: „Lang habe ich ihn nicht gesehen. Seit er erwachsen ist und Jupiter ihm das unterirdische Reich zugeteilt hat, sind wir uns nicht recht näher gekommen – so sehr ich Plutos Herrschaft auch akzeptiere und seine immer neu wandelnde und erschaffende Kraft schätze." Sein eigener Sohn ist ihm fremd. Doch heute braucht er ihn.

Diese Begegnung Saturns mit Pluto enthält den Schlüssel zum Verständnis der aktuellen Pluto-Stellung. In ihr steckt eine gewaltige Psychodynamik, schrecklich und schöpferisch zugleich. Wir können sie am besten verstehen auf dem Hintergrund der beiden bisherigen Begegnungen. Die erste: Vater Saturn sieht sein neugeborenes Kind, ein angstvoller Blick, und eine Sekunde später hat er das Kind verschlungen. Dann Jahre später die zweite Begegnung, wenn der Vater die verschlungenen Kinder wieder ausgespukt hat. Diese leben noch und sind inzwischen erwachsen geworden, haben sich also im Bauch des Alten irgendwie weiterentwickelt. Das ist unlogisch wie die meisten Mythen, erinnert aber an die psychologische Wahrheit, dass verdrängte Inhalte durchaus nicht tot sind, sondern in der Verdrängung neues Leben entwickeln, und wenn sie dann wiederkehren ihre Gestalt gewandelt haben.

Noch steht Saturn allein auf den steinigen Stück Land. Vor ihm liegt die große Aufbauarbeit. Pluto muss diesen Acker befruchten. Saturn erwartet keine freudige Begrüßung durch seinen Sohn. Er kennt die Vergangenheit. Ehrlich mit sich selbst – wie es seine Art ist – rechnet er mit Vorwürfen und weiß, dass er keine genügende Antwort bereit hat. Ihm fallen zwar viele Argumente ein, warum er damals beim Alten bleiben wollte, aber durch das Kinderfressen hat er eine Grenze überschritten. Mit dem Versuch, Leben zu vernichten, statt es wachsen zu lassen, hat er gegen sein eigenes Gesetz verstoßen. „Wie konnte das geschehen, wo ich doch der Gott der Gesetze bin? Jahrtausende lang habe ich mein eigenes Gesetz des sich rhythmisch entwickelnden Lebens bewahrt und befolgt. Wie anders hätte ich Gartenbau, Tierzucht und Landwirtschaft erfinden können? Und dann als die Kinder kamen, verfiel ich ins Gegenteil, das ist völlig unlogisch! – Nun, ich hatte Angst. Angst ist be-

17

kanntlich keinem logischen Argument zugänglich." Doch in einem Punkt bleibt sich Saturn auch heute selbst treu: Er will sich nicht emotional leid tun, sondern die Realität verändern. Er braucht Pluto, das ist eine objektive Notwendigkeit, also ruft er ihn herbei: „Mein Sohn, den die Sterblichen Pluto nennen, komm herbei! Pluto, komm, befruchte diesen Acker!"

Hier müssen wir ein letztes Mal unterbrechen, um deutlich zu machen, warum es Pluto ist, der den Acker befruchtet. Astrologen denken bei Pluto eher an das Totenreich und an alle möglichen psychologischen Entsprechungen, die aus dieser Schattensymbolik abgeleitet sind. Wir vergessen den Aspekt der Fruchtbarkeit gerne. Dieser ist aber astrologisch und mythologisch gut zu belegen. Bleiben wir bei der Mythologie: Die befruchtende Eigenschaft Plutos ergibt sich erstens aus dem Pflanzenwachstum von unten herauf und zweitens aus seiner Gemahlin, die eine große Wachstumsgöttin ist.

Zum ersten Thema sollten wir wissen, dass die Menschen der Vorzeit und der Antike das Wurzelreich mit der Unterwelt verknüpften. Bäume, Korn, alles, was wächst und Menschen ernährt, keimt und wurzelt für uns unsichtbar unter der Erde, im Reich des Pluto. Obwohl er eigentlich Hades heißt, wurde er unter dem Namen Pluto verehrt und damit als Wachstumsgott erkannt, denn „Pluto" bedeutet Reichtum und Fülle. Es war den Menschen somit klar, dass nicht nur Eisen, Kupfer, Gold und andere Bodenschätze, sondern auch der primärere Reichtum der Feldfrüchte aus seinem Reich kommen.

Die Alten begruben ihre Toten in der Erde und pflanzten Getreideähren auf deren Gräber, so wie wir heute Blumen pflanzen. Das Korn wurzelt in Plutos Unterwelt. Die Steinzeitmenschen in Catal Höyük (Anatolien) hatten einen sehr unmittelbaren Bezug zu dieser Verknüpfung von Tod und Wachstum oder Tod und Wiedergeburt. Nachdem Ihre begrabenen Ahnen verwest waren, nahmen sie deren Knochen zu sich in die Wohnung. Man kann heute archäologisch nachweisen, dass diese Knochen sozusagen als Zweitbestattung unter den Ehebetten deponiert wurden. Eheglück erwartete man also über den Gräbern der Vorfahren. Es gab in jener Gesellschaft kein Kind, das nicht buchstäblich auf den Toten gezeugt wurde: Die Knochen der Vorfahren, darauf eine

Matte oder Matratze und darüber entsteht neues Leben. Was für ein machtvolles Bild für Tod und Wiedergeburt! Noch Jahrtausende später war für Platon klar: „Alles Leben entsteht aus dem Gestorbenen", „die Lebenden werden wiedergeboren aus den Gestorbenen."[2]

Die Einheit von Totengott und Fruchtbarkeitsgott war für die ersten Kulturen selbstverständlich. Bis in die Bronzezeit hinein und teilweise weit darüber hinaus sind die Unterweltgötter zwar für den Tod zuständig, werden jedoch immer mit Ähren, Korn und anderen Fruchtbarkeitssymbolen ausgestattet. Solange diese Einheit von Vegetations- und Todesgöttern bestand, waren es auch fast ausnahmslos Göttinnen. Vielleicht braucht es eine speziell weibliche Optik, um dieses Paradox zu erkennen.

Auch der astrologische Planet Pluto ist dem Skorpion, also einem weiblichen Zeichen zugeordnet. Wenn Pluto aber ein weiblicher Archetypus ist, tun wir gut daran, ihn in Gedanken stets an der Seite seiner Gattin zu sehen. Proserpina, die Fürstin der Unterwelt, sitzt neben ihrem Gemahl im goldenen Palast auf einem Doppelthron im Zentrum des Hades. Das Zweifache und Doppelte ist untrennbar mit der Pluto-Symbolik verbunden. Auf den Darstellungen sehen wir überall als sein Kennzeichen den Zweizack. In der Astronomie ist Pluto zusammen mit seinem überdimensionalen Mond fast ein Doppelgestirn. Beim Astrodrama oder beim Stellen von Planeten ist es sehr erhellend, die Pluto-Position jeweils doppelt zu besetzen, mit einem männlichen und einem weiblichen Repräsentanten, Pluto und Proserpina.

Damit sind wir auch beim zweiten Beleg, warum das Pluto-Prinzip mit Wachstum und Fruchtbarkeit zu tun hat: Proserpina ist eine Frühlingsgöttin, Tochter von Plutos Schwester Ceres, welche die Erde fruchtbar macht. Es war eine geniale Findung der Griechen, dass sie in einer Epoche als der männliche Totengott und die weiblichen Fruchtbarkeitsgötter längst getrennt waren, diesen Mythos vom Raub der Proserpina erfanden, durch welchen der Tod und das junge Leben des Frühlings wieder vereint werden.

---

[2] Platon, Phaidon, Kap. 21, 13.

Als Symbol für den Geschlechtsakt teilt Proserpina mit ihrem Gatten einen Granatapfel. Sie bindet sich so an den Tod, um Leben zu erschaffen. Die abgrundtiefe Liebe zwischen Pluto und Proserpina symbolisiert die Versöhnung der Gegensätze. Mit dieser mythologischen Ehe werden die Jahreszeiten begründet, denn jeden Frühling geht Proserpina über die Wiesen und Kornfelder und bringt Fruchtbarkeit, jeden Herbst geht sie hinunter und liebt ihren Gatten Pluto.

In dem mythologischen und astrologischen Roman von Heidemarie Bender wird der Winter als ein unter der Erde verstecktes Geschehen geschildert, in welchem der neue Frühling vorbereitet wird durch eine tausendfache rauschhafte Vereinigung dieses Unterwelt-Liebespaares. Die im Vorfrühling unter der Erde keimenden und ausschlagenden Samen, der nach dem Winter erwachende Geschlechtstrieb der Tiere, all das wird initiiert durch eine Art Sex-Orgie. Proserpina berichtet: „Dann war ich die Hirschkuh, die erregt lauschte, weil sie nahebei den brünftigen Hirsch gewittert hatte. Ein neues Spiel begann, wir suchten und jagten einander, fanden und vereinigten uns. Später fand ich mich als Taube im Geäst wieder; aber wir umwanden einander auch als Schlangen, umspielten uns als Fische, flatterten als Schmetterlinge über ein Blumenmeer, ... es war ein nicht enden wollender Rausch von Suchen und Finden, Verlangen, und Erfüllung in unzähligen Formen."[3] Aus diesen Zusammenhängen dürfte klar ersichtlich werden, warum Saturn seinen Sohn Pluto braucht, um aus dem steinigen Urboden in Latium einen fruchtbaren Korn-Acker zu machen.

„Mein Sohn, den die Sterblichen Pluto nennen, komm herbei, befruchte diesen Acker!" – Wie müssen wir uns das Erscheinen Plutos vorstellen? Die Tore zur Unterwelt werden gewöhnlich als Höhlen, Löcher oder Erdspalten beschrieben. Gut möglich, dass auf diesem archaischen Acker auch ein uralter Brunnen zu finden ist, dessen tiefste Tiefe den Kontakt zu den unterirdischen Göttern ermöglicht. Die alten Römer sprachen bei solchen Schächten jeweils

---

[3] Heidemarie Bender, Persephone im Totenreich, mythologischer Roman, Berlin 1999, ISBN 3-82801027-X, Seite 83.

von einem „Mundus". Aus dieser Tiefe erscheint Pluto, und zwar, da keine Menschen anwesend sind, ohne Tarnkappe, also für seinen Vater sichtbar.

„Saturn, mein Vater, du hier in Italien, in Latium?" „Ja, und mit einer neuen Aufgabe betraut – ehrlich gesagt, ich bin verbannt. Es ist eine Art Exil für mich." Pluto kennt diese Verfügung Jupiters, den Vater nach Italien zu senden. Er weiß auch warum. Ein Gespräch beginnt. Die beiden haben sich lange nicht gesehen. Man kann sich schwer vorstellen, dass Pluto sich beklagt und seinem Vater im Nachhinein Vorwürfe macht. Pluto hat sich längst gewandelt. Er ist kein kindliches Opfer mehr, sondern der mächtigste aller Götter, Herr über das Reich der Schatten, das bekanntlich eine weit höhere Einwohnerzahl hat als das Reich der Lebenden.

Abbildung 2: Janus

Eher ist zu vermuten, dass Saturn sich Selbstvorwürfe macht. Er kann nicht problemlos seine Fehler vergessen. Selbstkritik ist Teil seines Wesens. Die Vergangenheit lastet auf ihm und Pessimismus liegt in der Luft. Da zeigt Pluto seinem Vater den Janus: „In den paar einsamen Hütten dieser Gegend siehst du über der Tür den Januskopf. Sie verehren hier einen Gott mit einem Gesicht nach vorn und einem nach hinten. Er ist der Gott der Schwellen, der Ein- und Ausgänge. Ein Gesicht schaut ins Diesseits, eines in Jenseits. Vielleicht bedeutet es auch, dass er gleichzeitig in die Vergangenheit und in die Zukunft schaut." Schon wenige Generationen später werden die Römer ihren Janus mit dem neuen Gott Saturn gleichsetzen, denn es handelt sich bei beiden um dieselbe Wesenheit.

Pluto meint: „Vater, zur Zeit schaust du nur in die Vergangenheit, deshalb wirkst du so bitter. Doch eigentlich bist du hier, um Zukunft zu gestalten. Wende dich um!" – „Woher soll ich Hoffnung nehmen, nach all dem, was ich verbockt habe?" – „Ich sage dir eins: Es gibt immer eine zweite Chance." – „Das glaube ich nicht." – Pluto staunt: „Du bist ein Unsterblicher und redest wie ein Mensch. Hast du etwa Furcht zu sterben und dass dann alles vorbei ist? Selbst dann ist es nicht vorbei, sonst wäre ich arbeitslos." – „Aber damals, damals…", fängt Saturn wieder an. Da begegnet ihm der Zorn Plutos: „Schluss damit, Alter!"

Langes Schweigen, dann setzt Pluto mit dem entscheidenden Argument an. Wir sehen dabei erstaunt, dass selbst Götter sich manchmal von ihren Kindern sagen lassen müssen, wer sie eigentlich sind. „Vater, wenn einer aus der Vergangenheit lernen kann, dann bist du es![4] Lerne aus dem Gestern, aber schreite zum Morgen! Es gibt immer eine zweite Chance. Ich bin selbst ein Zweimalgeborener."

Saturn nickt. „Es gibt eine zweite Chance, sagst du?" – „Ja, wenn du sie jetzt ergreifst! Soll ich dir nun helfen, den Acker zu befruchten oder nicht?" Zwischen Vergangenheit und Zukunft schließen Vater und Sohn ein Bündnis. Auf dem steinigen Feld reichen sie sich die Hand. Dann tritt Saturn an den Rand und ruft: „Pluto, Herr des Reichtums, befruchte diesen Acker!" Pluto schlägt mit seinem Zweizack dreimal auf den Boden. Die Erde öffnet sich, Proserpina erscheint mit großem Gefolge und das Fest beginnt.

---

[4] Eine der fundamentalsten Deutungen für Saturn-Themen im Horoskop ist die Fähigkeit auf dem Erlebten etwas für die Zukunft zu lernen. Saturn ist das Prinzip der angesammelten und konzentrierten Erfahrung.

Die Befruchtung ist ein orgiastisches Ritual. Endlos dringen Geschöpfe und Geister aller Gestalten aus der Tiefe, teils wild, teils festlich geschmückt, im übrigen nackt. Sie haben Wein und Feldfrüchte in Überfülle dabei. Musik und Geschrei erfüllt die Luft. Die Orgien des Dionysos-Kultes sind nichts gegen diese Ekstase, gegen diesen entfesselten Tanz von lachenden Leibern. Sie trinken, singen und paaren sich. Beim zentralen Opfer-Ritual werden drei Blutstropfen in den Mundus versenkt, in jenen Brunnen auf dem Feld, der bis hinab in den Urgrund reicht. Das übrige ist unbeschreiblich. Die Ackerfurchen füllen sich mit Früchten, Blüten, Samen und verschüttetem Wein, mit Sperma und sämtlichen Körpersäften von allem, was je lebte und feierte, und was je leben und feiern wird. Kein Mensch und kein Gott kann sagen, ob es drei Augenblicke oder drei Jahre dauert. Es ist ein Geschehen jenseits der Zeit.

Der Spuk verschwindet. Der Acker bebt und dampft noch vor Vitalität und Fruchtbarkeit. Es kann eine Welt daraus hervorwachsen. Nun ist es still geworden. Saturn und Pluto, Vater und Sohn stehen auf dem steinigen Acker und blicken schweigend nach vorn in die Zukunft. – Dann bückt sich Saturn und räumt den ersten Stein zur Seite.

Wer von dieser Geschichte berührt ist, könnte sich bewusst machen, was Mythos auch ist: Etwas in uns. Eine Möglichkeit des eigenen Lebens. Manchmal ist es gut, das einfach wirken zu lassen oder in den kommenden Nächten weiter zu träumen.

Aus diesem Acker wuchs die archaische Kraft der Römer, wuchs das Imperium Romanum. Bildhaft gesprochen ist es aus jenen Stolpersteinen gebaut, die damals mühsam aus dem Feld geräumt wurden. Vielleicht hat sich Saturn gefragt: „Wie werden in dieser Welt künftig Licht und Schatten verteilt sein?" Wir heutigen Menschen können das römische Jahrtausend im Nachhinein loben oder tadeln. Für Saturn damals war es eine Geschichte mit offenen Ausgang. Aber dank Pluto fand er den Mut, diese anzufangen.

Abbildung 3: Saturn-Tempel auf dem Forum Romanum
Stich von Friedrich Weinbrenner 1792-97.

Möglicherweise fiel die Gründung Roms tatsächlich in eine Epoche mit Pluto im Steinbock. Für die legendäre Gründung Roms wurde in der Antike zwar das Jahr 753 v. Chr. genannt. Doch Historiker halten den Zeitpunkt eher für eine Fabel. Die Legenden machen gerne etwas älter als es ist. Historiker und Archäologen könnten untersuchen, ob vielleicht die nachweisbaren Anfänge dem Imperiums in die Jahre um 680 v. Chr. fallen, als der Planet Pluto tatsächlich im Steinbock stand. Jedenfalls wurde erst ab jener Zeit Rom zu einer Stadt. So oder so: Die Römer hielten diesen Acker in Latium für die Keimzelle ihres Landes. Saturn wurde zu einer Art Gründervater der römischen Zivilisation. Abbildung 3 zeigt den Saturn-Tempel auf dem Forum romanum in Rom.

Zwar steht Pluto nur 16 Jahre lang im Steinbock, aber wir sollten langfristig denken. Wenn es *ein* Symbol gibt, das für lange Dauer steht, dann ist das der Steinbock und sein Herrscher Saturn, welcher ja auch oft mit dem Zeitgott Chronos assoziiert wird. Auf der mythologischen Ebene jedenfalls ist aus dieser Befruchtung des Ackers in Latium ein Reich geworden, ein Weltreich mit fast tausendjährigem Bestand. Bei der Saturn-im-Steinbock-Epoche handelt es sich wirklich um fundamentale Aufbaujahre.

Bemerkenswert, wie unpathetisch es im Mythos anfing! Keine großen politischen Reden, keine Zukunftsversprechungen. Das Imperium Romanum begann mit einfacher Handarbeit: Saturn bückt sich und räumt den ersten Stein zur Seite.

Man könnte es aber noch anders sehen: An der Wurzel des Weltreichs stand ein Bündnis mit der Natur. Eine Versöhnung von Erde und Unterwelt oder astrologisch gesprochen von Saturn mit Pluto. Diese Zeit galt später immer als das goldene Zeitalter. Noch ganz am Ende, als das Imperium schon fast zerfallen war, schenkten sich die römischen Bürger zu Neujahr Münzen mit dem Bild des Saturn darauf, verbunden mit den guten Wünschen, die Saturnia regna möge wiederkehren, das goldene Zeitalter der Herrschaft Saturns, jener Epoche, als die Menschen noch ehrfurchtvoll die Natur kultivierten und aus ihren Früchten einen ehrlichen Reichtum schufen.

Zusammenfassung

Um die Kombination der Symbole Steinbock und Pluto zu vertiefen, wird eine neue mythologische Verknüpfung hergestellt: Dem überlieferten Ende des Saturn-Mythos wird Pluto beigesellt. Pluto befruchtet den legendären Acker in Latium, aus dem das goldene Zeitalter Roms hervorgeht.

Diese in den alten Quellen nicht belegte Verbindung erscheint mir sinnvoll, einerseits weil Saturn eine plutonische Zerstörung hinter sich hat (Titanenschlacht und Ende seiner Herrschaft), und andererseits weil es jetzt um Befruchtung und Wiederaufbau geht. Dass Pluto auch für Fruchtbarkeit und Wachstum steht, musste in diesem Zusammenhang noch einmal nachgewiesen werden.
Mit diesem Material an Bildern und Prozessen ausgestattet, kann ich im nächsten Kapitel die zerstörerische Seite von Pluto im

Steinbock, ebenso wie seine Wiederaufbau- und Auferstehungs-Symbolik in Form von Deutungs-Stichwörtern beschreiben.

Und neues Leben blüht
aus den Ruinen

Drei Schlüsselbegriffe

Die drei wichtigsten Deutungs-Begriffe, die ich für die Konstellation Pluto im Steinbock vorschlage, finden Sie in Abbildung 4. Sie spiegeln die Stimmung der mythologischen Szene, die im letzten Kapitel beschrieben wurde, sind jedoch streng aus den traditionellen Deutungsbegriffen für Pluto und Steinbock abgeleitet.

In der aktuellen Zeitperiode geht es einerseits um ein Zerstören (Pluto) von Mauern (Steinbock). Auf einer zweiten Ebene lautet das Motto: „neues Leben (Pluto) blüht aus den Ruinen" (Steinbock). Auf einer dritten Ebene schließlich werden die Schatten fruchtbar gemacht, was mich zu der vielleicht etwas dramatischen Formulierung „Auferstehung des Begrabenen" verleitet hat. Aus vielfacher Erfahrung weiß ich allerdings, dass der Abschluss von Pluto-Prozessen sich tatsächlich nach Auferstehung anfühlt.

Zuoberst sehen wir die Karte „der Turm" aus dem Oswald-Wirth-Tarot. Die Zerstörung von Mauern ist unübersehbar. Hier verändern sich die Lebensumstände deutlich. Die Turmbewohner sind anschließend im Freien. Außerdem gibt es gibt massive Veränderungen am Turm. Mauer bedeutet: Nicht die Oberfläche ist zu verändern, sondern die Substanz, das Fundament. Man erschrickt spontan bei diesem Bild, denn man identifiziert sich mit den herabstürzenden Menschen. Ihr Turm ist beschädigt, und man weiß nicht einmal sicher, ob beide den Sturz überleben, die Darstellung auf der Karte lässt verschiedene Deutungen zu.

Zerstören der Mauern

Neues Leben blüht aus den Ruinen

Auferstehung des Begrabenen

Abbildung 4

28

Es gehört zum Geheimnis dieser Karte, dass wir meist emotional auf sie reagieren, mit Erschrecken, Angst oder Mitleid. Eines der Geschenke des Steinbockzeichens ist jedoch der nüchtern sachliche Blick. Mit ihm erkennen wir, was der Zweck eines Turmbaus ist. Was kann Menschen dazu bringen, in einem Turm zu leben? Sie müssen sich in einer negativen Extremsituation befinden. Türme können Gefängnisse sein. Dann waren es Menschen, die man ihrer Freiheit beraubt hat. Wer jedoch aus eigenem Antrieb in den Turm geht, ist bedroht, und zwar durch massive Kriegshandlungen. Ein Turm ist ein Ort der relativen Sicherheit in einer Zeit großer Ängste. Schauen wir noch einmal genau hin: Man muss sich entsetzlich unsicher fühlen, wenn man seinen Lebensraum freiwillig auf vier mal vier Quadratmeter beschränkt und das Licht nur noch durch kleine Schießscharten einlässt. Sachlich gesehen würden die Ängste weit besser zu dem Zustand vor dem Blitzschlag passen, als die Welt noch scheinbar sicher war. Die Situation der Menschen danach ist zwar ungewohnt und neu, aber nicht unbedingt schrecklich.

Fragen wir genauso sachlich: Wie hat sich das Leben jetzt verändert, wenn die Menschen außerhalb des Turmes sind? Wenn es Gefangene waren, sind sie frei. Waren es Kriegsmenschen in einer Schutzburg, dann sind sie jetzt ebenfalls an der frischen Luft. Ihre schöne Sicherheit ist eingestürzt. Da die Ursache ein Blitz ist und nicht die erwartete Bombe oder Kanonenkugel des Feindes, können sie entweder entspannt die frische Luft genießen und neue Strategien entwickeln oder sich zur Erneuerung des obersten Stockwerkes entschließen. Würden sie einen astrologisch oder mythologisch informierten Menschen fragen, dann könnten sie ferner erfahren, dass Blitze von Jupiter kommen. Sie gelten von Alters her als Zeichen und Botschaft dieses gütigen und beschützenden Himmelsgottes.

Wer das Turm-Symbol verstehen will, sollte erkennen, dass wir es mit einem Vorher und einem Nachher zu tun haben. Hier ist kein Zustand dargestellt, sondern ein Ablauf, und dies ist wiederum typisch für Pluto, dem Symbol für Wandlungen und Prozesse. Das Entscheidendste ist, dass es auf die Optik ankommt. Die „Katastrophe", die hier geschieht, ist objektiv weder gut noch schlecht. Je nachdem, ob wir uns vorher sicher oder gefangen fühlten, werden wir sie unterschiedlich einschätzen. Kompliziert ist allerdings, dass „sicher sein" und „sich gefangen fühlen" oft im Leben verknüpft sind.

Beim Betrachten des Turm-Bildes haben wir die freie Wahl, uns entweder eine Geschichte auszudenken, bei der am Schluss alle unglücklich oder tot sind, oder aber eine Geschichte der Befreiung: Die vier mal vier Quadratmeter sind verloren; wir sind im Freien und der Rest der Erdoberfläche steht uns zur Verfügung. Dem Bild ist es egal, welche Geschichte wir uns ausdenken. Dennoch wäre es gut, die eigenen Gedanken ernst zu nehmen. Sie könnten in Erfüllung gehen.

Wir werden anschließend noch konkretere Deutungen für dieses Bild entwickeln, wollen aber zuerst die beiden andern auf uns wirken lassen.

Wenn wir den vom Blitz getroffenen Turm einige Jahre später wieder besuchen, werden wir feststellen, dass neues Leben aus den Ruinen entstanden ist. Entweder haben die Menschen den Turm renoviert, vielleicht sogar ausgebaut. Vielleicht haben sie ein Museum daraus gemacht, oder ihn durch Um- und Anbauten einem völlig anderen Nutzen zugeführt. Und wenn nichts geschehen ist, hat die Natur ihr Recht gefordert. Dann umwuchern Pflanzen die Ruinen. Sollte der Turm – wie manche Bauten aus der Römerzeit – über zwei Jahrtausende hinweg immer weiter zerfallen sein, so sähe die Landschaft genau aus wie der steinige Acker in Latium. Ob die Steine dort ebenfalls Trümmer einer vergangenen Zivilisation waren?

Wer unter Pluto im Steinbock schwierige Umbrüche oder Verluste erlebt, sollte darauf achten, wo anschließend neues Leben aus den Ruinen blüht und dies als gutes Zeichen nehmen. Das Problem in dieser Phase, ist dass man das Blühen nicht mit einem Willensakt herbeiführen kann. Man kann ja nicht in die Landschaft hineinrufen. „Es sei gefälligst sofort Frühling!" Man kann die

Pflanzen nicht aktiv aus der Erde hervorzerren. Darum habe ich als Schlüsselbild für diesen Zustand den Stern der Hoffnung gewählt (mittleres Bild in Abbildung 4). Diese alte italienische Tarotkarte zeigt eine allegorische Figur, „la speranza", also die Hoffnung[5] Sie weiß, dass sie zur Zeit nicht aktiv ins Geschehen eingreifen kann. Sie ist aber deshalb nicht verzweifelt. Die vertrauensvolle Haltung der Frau zeigt, dass sie sich nicht als machtloses Opfer fühlt – wie manche Menschen in der entsprechenden Phase des Pluto-Prozesses – sondern dass sie die Kraft der Hoffnung kultiviert.

Ein Detail der Darstellung ist nicht zufällig: Die Figur greift im wahrsten Sinne des Wortes nach den Sternen. Genau wie die Astrologen orientiert sie sich an den Sternen. Die Verknüpfung von Hoffung und Sternen ist fast so alt wie die Menschheitskultur. „Hoffnung, du bist mein Stern – Sterne, ihr seid meine Hoffnung", in Gedichten und Romanen findet man solche Aussagen tausendfach. Wahrscheinlich tritt nur der Satz „ich liebe dich" noch häufiger auf. Sich an den Sternen orientieren heißt Horoskope zu studieren. Dies ist ein aktiver Vorgang des Deutens, der Selbstbefragung und des Suchens nach dem Sinn. Wenn wir auf diese Weise tätig werden, verbringen wir die Phase der Hoffnung nicht in einem passiven, sondern in einem aktiv tätigen Zustand.

Die dritte Deutungsebene Plutos im Steinbock trägt die Überschrift „Auferstehung des Begrabenen". Wir sehen als dritte Tarotkarte, diesmal wieder aus dem Oswald-Wirth-Tarot, eine mehrfache Auferstehung oder plutonische Wiedergeburt.[6] Von oben bläst eine Engelsgestalt eine Fanfare. Die Ursache für die Auferstehung der Menschen unten im Bild kommt demnach aus dem geistigen Bereich. Dies ist dreifach ausgedrückt: Der Engel kommt aus einer Wolke, die ein Gleichnis für den Himmel ist; der Engel selbst hat Flügel, ist also ein Geistwesen; und er macht Musik, de-

---

5 Visconti-Sforza-Tarot, 15. Jahrhundert, Pierpont Morgan Library, New York.

6 Diese Karte ist im Lauf der Geschichte immer wieder neu betitelt worden. Heute heißt sie aufgrund der Ähnlichkeit mit einer Bibelstelle oft „das Gericht". In meinem Buch habe ich aufgezeigt, warum der sinnvollste Titel „die Auferstehung" lautet. Ernst Ott, Astrologie mit Tarot, Tübingen 2005.

ren Töne reine Schwingung sind. Wie Tropfen regnet die Musik nach unten und lässt die Gestalten aus dem Boden hervor wachsen. Unsichtbares bewirkt also sichtbare Veränderung.

Menschen, welche direkt aus der Wiese hervor keimen, lassen uns an die im letzten Kapitel zitierte Meinung Platons denken, dass die Lebenden aus der Erde herauswachsen, aus den Gräbern der Ahnen. Auch die Grabkiste, aus der die dritte Gestalt aufersteht, hat diese Bedeutung. Insgesamt sehen wir eine Wiese oder einen Acker. Anders als in Latium liegen keine Gesteinsbrocken herum, aber dafür müsste die Grabkiste weggeräumt werden, wenn man das Land bewirten wollte.

Für die astrologische Deutung sollten wir den symbolhaften Charakter dieses Bildes bedenken. Es verweist nicht auf eine spätere Inkarnation oder Wiederverkörperung, sondern auf das Jetzt im aktuellen Leben. Es sind mehrere Gestalten abgebildet, und alle verweisen auf Teile von uns, das heißt auf bestimmte Planetenkräfte oder archetypische Gestalten, die jetzt neu aufleben können.

Dreifache Prozesse

Das magische Wort muss dreimal gesprochen werden; nach dem dritten Mal geschieht „es". Pluto-Prozesse verlaufen sehr oft dreifach. Ein Transit des Pluto aus dem Steinbockzeichen heraus zu einem bestimmten Punkt des Geburtshoroskops kommt wegen der Rückläufigkeit stets mehrfach und dauert viele Monate. Er kann bedeutsame Prozesse begleiten und verläuft – zumindest in der Theorie – in den genannten drei Phasen: Beim ersten direktläufigen Transit werden Mauern zerstört. Eine Weile nach dem Zusammenbruch, beim zweiten Transit, jetzt rückläufig, wächst neues Leben aus den Ruinen. Falls wir in dieser zweiten Phase bereit sind, dieses Neue wahrzunehmen, ist beim dritten, nun wieder direktläufigen Transit eine Art Auferstehung des Begrabenen zu erwarten.

Dieser dreiphasige Prozess erklärt sehr gut, was mit dieser Pluto-Konstellation gemeint ist. Anders als bei anderen astrologischen Konstellationen stehen die möglichen Vor- und Nachteile nicht unvermittelt nebeneinander, sondern Gefahr und Chance von Pluto sind verwoben, verwandeln sich ineinander, sind sogar eins, wenn wir bedenken, dass manche Geschehnisse wie der Gott Janus zwei Gesichter haben, eine Schatten- und eine Lichtseite. Ein gutes Schema, um diesem Ablauf Herr zu werden, ist die Reihenfolge der drei Phasen: Erst Zusammenbruch des Alten, dann eine Wartephase mit erstem Aufblühen und zuletzt die Auferstehung von etwas Neuem.

Leider richtet sich das Leben nicht immer nach dem Schema. Es ist anzunehmen, dass auch unter Pluto im Steinbock nicht sämtliche Erfahrungen von sämtlichen sieben Milliarden Erdenbewohnern mit einer positiven Erneuerung enden. Wenn jedoch vieles gut enden wird, dann liegt das teils an der Hilfe der guten Götter, die uns fördernde „Zufälle" zufallen lassen, teils an Menschen, die bereit sind, ihre Wahlfreiheit zu nutzen und mit ihrem freien Willen die jeweils bestmögliche Entsprechung für ihre Konstellationen zu suchen. Man kann es auch einfacher zusammenfassen, indem man sagt: Wir brauchen einerseits Glück, sollten aber auch etwas dafür tun.

In Abweichung vom Schema wäre denkbar, dass in manchen Fällen schon beim ersten Transit Elemente der letzen Phase überwiegen, ein andermal noch beim letzten Transit einzelne Erfahrungen gemacht werden, die wir hier als erste Phase beschreiben. Es ist also weder die Reihenfolge noch der gute Ausgang vorherbestimmt. Aber in allen Fällen wird es ein mehrphasiges Geschehen sein, und in allen Fällen wird Schatten und Licht eng und ursächlich verknüpft sein, werden Ende und Neuanfang so nahe beieinander liegen wie zwei Liebende.

Bei der Konkretisierung der einzelnen Phasen werden wir nun ebenfalls feststellen, das jede einzelne ihre Gefahren und auch Chancen enthält.

Pluto im Steinbock symbolisiert zuerst einmal einen Zusammenbruch alter Ordnungen. Im gesellschaftlichen Bereich betrifft das
instabile Organisationen, Strukturen und Staaten, im persönlichen
Bereich Dogmen, Ängste und verhärtete Gewohnheiten, unter
Umständen auch verkrustete Verhältnisse und Beziehungen. Wer
aus ihnen bisher Sicherheit bezogen hat, sieht diese Sicherheit
möglicherweise einstürzen.

Steinbock hat die Tendenz, Sicherheiten aufzubauen und dafür
auch harte Konsequenzen in Kauf zu nehmen. Das ist vorerst
kein Widerspruch zu den „Absichten" Plutos. Pluto ist aber ein
notwendiges Korrektiv wenn Sicherheitsstreben lebensfeindlich
wird. Dann gilt es, zwischen Sicherheit und Sicherheit zu unterscheiden. Sinnvoll sind Sicherheitskonzepte, die Leben schützen
und ermöglichen. Fragwürdig dagegen sind rein angstbedingte Si-
cherheitsmassnahmen, welche einschränken und Leben verhin-
dern. Mythologisch wäre das die Unterscheidung zwischen dem
ernährenden Saturn des goldenen Zeitalters und dem kinderfressenden Saturn.

Übung: Echte und falsche Sicherheit

1. Schreiben Sie alles auf, was Ihnen Sicherheit gibt, so wie es Ihnen einfällt: Mitmenschen, finanzielle Ressourcen, geistige Einstellungen, Gegenstände, Ort usw.

2. Dann fragen Sie bei jedem Punkt nach dem Preis, den Sie dafür
zahlen, um über diese Sicherheit verfügen zu können. Der Preis
kann materiell oder ideell sein. Manche Mitmenschen z.B. geben
uns Sicherheit, verlangen dafür aber Wohlverhalten usw. Verglei-
chen Sie immer wieder Kosten und Nutzen.

3. Ziehen Sie zuletzt eine Bilanz:
Bei welchen Sicherheiten ist der Preis angemessen und Sie zahlen
ihn gerne?

Abbildung 5

Welche Sicherheiten schränken Sie zunehmend ein und rauben Ihnen die Lebenslust oder verkleinern Ihren Bewegungsradius? Letztere gehören auf den Prüfstand.

Wenn wir bei dieser steinböckischen Kosten-Nutzen-Analyse auf solche unnützen, weil Leben verhindernden Sicherheiten stoßen, können wir entweder mit dem baldigen Blitzschlag rechnen, der die bisher sicheren Mauern zum Einsturz bringt – oder selbst Abbrucharbeit leisten. Viele Menschen zögern und bleiben untätig, weil das Abbrechen mit Arbeit verbunden ist. Damit wählen Sie unbewusst die Variante eins. Sie lassen das Schicksal die Arbeit tun. Wenn dann der Blitz eingeschlagen hat, klagen sie das Schicksal an, weil es sie nicht mit einbezogen und vorher höflich angefragt hat, welche Art von Blitzschlag sie denn gerne hätten.

Der Zusammenbruch alter Ordnungen kann also unterschiedlich erlebt werden:

1. Variante: Er wird als schrecklich und negativ empfunden, weil man vorher gar nicht wahrgenommen hat, wie beengend die alte Ordnung war oder weil man diese Einsicht verdrängt hatte. Der Einsturz der Mauern wird dann als schicksalhaft erlebt.

In einem solchen Fall kommen gleich nach dem Einsturz die eingemauerten Ängste hervor. Der Betroffene wird das missdeuten und denken: Der Schicksalsschlag – im Bild der in den Turm einschlagende Blitz – hat die Ängste verursacht. Das ist nicht der Fall, denn der Turm wurde ja gebaut, um diese Ängste einzumauern. Man lebte darin zwar eingeengt, aber relativ sicher und nahm die Ängste nicht mehr wahr. Jetzt kommen sie raus, und es sind die alten Ängste. In der nächsten Phase sollte man ihre Geschichte erforschen: Wann und wie entstanden sie? Auf welche Weise habe ich sie ruhiggestellt oder eingemauert? Was waren die Vor- und Nachteile der Verdrängung?

2. Variante: Der Einsturz der alten Ordnung wird als Hoffnung ersehnt. Die Tarotkarte mit dem vom Blitz getroffenen Turm kann ja auch als eine Befreiung von Gefangenen gedeutet werden. Wer im Gefängnis sitzt, sehnt sich nach Freiheit, und wenn der Blitz einschlägt, ist es ihm relativ egal, ob er gemütlich über die

Treppe oder durch das Fenster nach außen kommt, Hauptsache er ist in Freiheit. Weltweit gibt es viele zu Unrecht eingesperrte Menschen, die auf den Einsturz alter Ordnungen hoffen.

Es gibt auch Lebenssituationen, in denen wir uns – ohne real im Kerker zu liegen – fühlen wie im Gefängnis. In einigen Fällen könnte unter Pluto im Steinbock eine Befreiung eintreten, indem „zufällig" genau jene Zwänge, die uns behindert hatten, zerstört werden, oder jene Menschen, die unsere Gefängniswärter waren, sich entfernen. Wem das passiert, der hat einfach Glück gehabt, und kann sich freuen. Es sei denn, er hat das Gefängnis lieb gewonnen.

Falls wir den Einsturz des Alten nicht als Hoffnung ersehnen, sondern darüber erschrecken, könnten wir uns auch einmal in einer selbstkritischen Stunde fragen, ob wir vielleicht blind waren. Haben wir eventuell für eine nette Blümchentapete gehalten, was in Wirklichkeit eine Kerkermauer war? Haben wir vielleicht jemanden für unseren Ernährer und Wohltäter gehalten und merken erst jetzt, dass die Person, die uns täglich den Blechnapf durch die Luke geschoben hat, der Kerkermeister war? Die Antwort auf diese Fragen muss natürlich nicht in jedem Fall ja lauten, es ist jedoch nützlich, sie sich zu stellen. Menschen haben eine eigenartige Fähigkeit sich mit beschränkenden Zuständen zu arrangieren, und ein Naturtalent zur Selbsttäuschung. Außerdem gibt es auch die Angst vor der Freiheit.

3. Variante: Eine weitere Möglichkeit, auf die erste Phase von Pluto im Steinbock zu reagieren, wäre die Folgende: Der Einsturz der alten überlebten Sicherheit wird ganz freiwillig herbeigeführt. Durch klare Einsicht in deren wahren Charakter, schreiten wir zur Selbstbefreiung. Das Bild mit dem Turm erinnert mich immer an den berühmten Spruch Kants, Aufklärung sei „der Ausgang des Menschen aus seiner selbst verschuldeten Unmündigkeit."[7] Ein Ausgang, das Hinausgehen aus einem Zustand der unfrei macht. Zumindest im Nachhinein kann erkannt werden, dass dieser Zustand selbstverschuldet war. Die äußern Umstände haben ihn zwar herbeigeführt, aber der eigene damals noch beschränkte Geist, sah

---

[7] Immanuel Kant, Beginn des Traktats „Was ist Aufklärung?", Hamburg 1999.

auch keine andere Möglichkeit als den Kerker zu ertragen. Astrologie ist ein bewährtes Mittel, um nach bislang unentdeckten Notausgängen zu suchen. Sie kann Menschen neue Möglichkeiten zeigen und ihnen mehr Wahlfreiheit ermöglichen.

Auch halbfreiwillig schreiten wir manchmal zur Selbstbefreiung, wenn uns in der Therapie oder einem Ritual jemand führt, so dass wir plötzlich die Dramatik des Eingesperrtseins erkennen. Die alten Ängste verlieren dann in diesem geschützten Rahmen für einen Moment ihre Kraft. Plötzlich finden wir – über uns selbst staunend – den Mut, zur Spitzhacke zu greifen und den verfluchten alten Turm einzureißen, den wir eben noch für unzerstörbar gehalten hatten.

Drei Varianten gibt es also: Der Sturz der alten Ordnung geschieht gegen unseren Willen, oder sie wird als Hoffnung ersehnt oder im dritten Fall sogar aktiv herbeigeführt.

Betrachten wir ergänzend noch die härteste Variante: Es gibt Verluste, die wir einfach nicht verstehen können. Nach menschlichem Ermessen hatten wir keine Wahl, etwas „besser" zu machen. Keine Einsicht kann uns trösten. Manche Menschen haben dann Zugang zu einem religiösen Glauben oder sonstigem Urvertrauen. Das ist ein kostbarer Schatz. Das Horoskop kann darüber hinaus in gewisser Weise helfen, indem es Deutungsvorschläge macht: Was war die Botschaft dieses Schicksalsschlages? Wir entnehmen Sinn und Bedeutung des Ereignisses in der Regel aus jenem Geburtsplaneten, der den Pluto-Transit bekommt (siehe in Kapitel 6). Wir wissen dann, welcher Planet aus diesem Verlust am meisten lernen kann. Derselbe Radix-Planet sollte auch zum Aufarbeiten benutzt werden und als Lösungsvorschlag, was weiter zu tun ist.

Zweite Phase: Neues Leben blüht in den Ruinen

Irgendwann wächst Gras über jede Wunde. Ob das ein Trost ist, hängt von der Einstellung des Betroffenen ab. Das objektive Problem dabei ist, wie oben beschrieben, dass das Aufblühen nicht einem Willensakt folgt, sondern etwas Zeit braucht. Für die ganze Phase sind das 16 Jahre, und auch wer persönlich von einem Pluto-Transit betroffen ist, muss mehrere Monate oder unter Umständen einige Jahre warten, je nachdem, ob man mit einem engeren oder weiteren Orbis für den Transit rechnet. Gefragt ist dabei die Steinbock-Qualität der Geduld.

Im Grund handelt es sich in dieser mittleren Phase, um einen Zustand, in dem man faktisch nichts an den Umständen ändern kann. Ich empfehle, die Zeit zu nutzen, um an seiner inneren Einstellung zu arbeiten. Dennoch kann es sehr unangenehm sein, dass man auf der Handlungsebene nichts falsch und nichts richtig machen kann, dass man für den Augenblick gar nichts im Griff hat. Gerade Menschen, die von ihrem Charakter her einen guten Zugang zum willensstarken Steinbockzeichen haben oder gerne mit ihrem Pluto Kontrolle ausüben, fühlen sich jetzt besonders machtlos. Ihnen fällt es schwer, zu dulden, dass die Zeit handelt, dass das Schicksal handelt, dass die Natur handelt und nicht sie selber. Schade, aber die Lösung liegt in diesen beiden Symbolen selbst: Der positive Pluto kann durchaus magische Kräfte, die größer als die Einzelpersönlichkeit sind, integrieren. Der positive Steinbock kann zu weiser Einsicht über den Gang der Zeit kommen. Der griechische Gott Kronos-Saturn ist ja auch Chronos, der Herr über die Zeit. Für beide Lösungen ist ein gewisser geistiger Aufwand notwendig, und so besteht in dieser Phase die Gefahr, dass die äußere Stille uns lähmt. Wir werden passiv, fühlen uns als Opfer.

Vielleicht sollten manche Menschen tatsächlich lernen, auch einmal Hilfe anzunehmen, was übrigens ohne innere Stärke gar nicht möglich ist. Das Ziel jeder Hilfe, speziell auch durch Astrologie, sollte allerdings in der Wiedererweckung der Eigeninitiative des Betroffenen liegen.

Abbildung 6

Andere wiederum hätten kein Problem damit, Hilfe anzunehmen, aber sie finden keine. Was ihnen angeboten wird, ist ihnen zuwenig. Sie fühlen sich vom Leben übers Ohr gehauen. Für sie ist es nicht leicht, aus der Opferhaltung herauszufinden. Ein Opfer stößt nämlich meist auf Mitleid und Empathie. Unsere Gesellschaft nimmt – zumindest auf ihrer Schauseite – Opfer sehr ernst. Dies alles, verstärkt noch durch eine Kultur des Jammerns, die sich etabliert hat, erschwert es den Betroffenen, Eigenaktivität zu entwickeln, weil man als Opfer immer Ersatz-Streicheleinheiten bekommt und sich außerdem als unschuldig fühlen kann. Man entwickelt einen heimlichen Trotz gegen das Leben und glaubt, dass einem die Welt nun etwas schuldig sei. Man empfindet ein gewisses Recht, passiv zu bleiben und von außen Lösung zu erwarten.

Selbstverständlich haben die Verursacher und hat die Gesellschaft eine Verantwortung für echte Opfer. Dennoch sollte die Astrologie den Opfern ein Stück Eigenverantwortung zurückgeben. Wie klein auch immer unser eigener Anteil an dem Ganzen ist: Diesen kleinen Teil können wir nutzen. Für unsere Einstellung, unsere Gedanken und Gefühle sind wir selbst verantwortlich. Und hier haben wir auch die Freiheit etwas zu verändern.

Unser Beitrag besteht demnach in der zweiten Phase darin, in unserem Inneren aktiv zu werden, nach außen jedoch eine gelassene Hoffnung zu kultivieren: Ich vertraue auf die Natur und auf die heilende Kraft der Zeit. Wie wir oben gesehen haben, greift die Hoffnung nach den Sternen. Astrologie hilft, sich an den Sternen zu orientieren. Richtig eingesetzt gibt sie uns Informationen über die Zeitphasen und Orientierung für den weiteren Weg. So schenkt sie uns Zukunftshoffnung. Indem sie uns auf unsere Talente und Anlagen zurückführt verleiht sie außerdem Hoffnung in der Gegenwart: Jetzt kann ich bestimmte Talente befreien! Astrologie lösungsorientiert verwenden und richtig hoffen, das bedeutet demnach: Wir nehmen das Ruder wieder in die eigene Hand. Damit ist auf der äußeren Ebene noch nichts gebessert. Aber die Fähigkeit zum Handeln und Verändern ist wieder hergestellt. Lösungen beginnen im Geist.

Nutzen wir diese stille Phase und gehen jenen Fragen nach, bei denen die Astrologie so hilfreich ist:

Wann geschah es? Was war ausgelöst?
Was sind die inneren Gründe für das Geschehene?
Was ist Sinn und Bedeutung des Erlebten?
Wie bewerte ich es?
Wann soll ich mich in Akzeptanz üben?
Wann ist es sinnvoll, zu rebellieren, einzugreifen?
Welche Planeten sind heute ausgelöst?
Wie kann ich sie nutzen, um weiterzukommen?

Insbesondere ist ein Umdenken nötig: Jeder sichere Zustand hat seine Schattenseiten. Jeder Schrecken hat seine guten Nebenwirkungen. Jede Angst enthält ein Potential. Astrologie ist wie kaum eine andere Methode geeignet, dieses Umdenken herbeizuführen. Ihre Stärke ist es, die Chance in der Gefahr aufzuzeigen, weil sie ja definitionsgemäß keine einzige Konstellation kennt, die nur negativ ist. Kenntnis der positiven Entsprechungen öffnet unseren Blick für Lösungen.

Übung

1. Denken Sie an etwas Schlimmes. Nehmen Sie das erste persönliche Problem, das Ihnen einfällt. Es kann auch ein allgemeines schlimmes Schicksal sein, jedenfalls etwas, das Sie spontan als schlecht und negativ bewerten.

2. Schreiben Sie es mitten auf ein Blatt Papier.

3. Schreiben Sie auf die Rückseite desselben Blattes mindestens drei positive Nebenwirkungen dieses schlimmen Problems. Zwingen Sie sich, die Kehrseite der Medaille zu sehen. Finden oder erfinden Sie mögliche positive Anteile oder Folgen des Problems. Das dürfen auch Kleinigkeiten sein.

Vielleicht hat sich am Schluss der Übung Ihre Bewertung geändert. Es steht Ihnen aber auch frei, bei der Überzeugung zu bleiben, dass der Schaden größer ist als der Nutzen. Es geht einzig darum, den Blick für die positive Anteile zu trainieren.

Zum Umdenken gehört auch die Fähigkeit, neu wahrzunehmen. In dieser Phase müssen wir wieder sehen lernen. Versetzen wir uns in Gedanken einmal in die beiden Personen, die aus dem Turm geworfen wurden. Sie sind zwar frei, haben aber noch die alte Turm-Optik. Stellen wir uns nun vor, dass weit hinten am Horizont eine Menschengruppe mit einer Fahne auftaucht. Die beiden Personen werden mit einem Angstausbruch reagieren. In den letzten Jahren haben sie den Blick durch die Schießscharten hinaus vermieden, um die schrecklichen Feinde nicht sehen zu müssen. Sie hofften nur, dass ihre Mauern dick genug sind. Nun sollten sie wieder sehen und beobachten lernen: Falls die herankommende Menschengruppe tatsächlich eine Kriegsfahne trägt und mit Stöcken bewaffnet ist, wäre es nützlich, das rechtzeitig zu erkennen und angemessen zu reagieren, denn die Schutzmauern sind fort, ängstliches Abwarten genügt nicht mehr. Sie könnten geschlagen werden. Sie könnten aber auch siegen. Dies war im Turm nicht möglich. Es geht nur, wenn man draußen ist, die Realität einschätzt und handelt.

Man könnte die Geschichte auch negativ zu Ende erzählen: Die beiden Personen wollen nicht neu sehen lernen. Sie nehmen unscharf Menschen und eine Fahne wahr, setzen sich ins Gras neben der Turmruine und sind tief überzeugt, dass schwerbewaffnete Feinde sie gleich vernichten werden. Nach einiger Zeit zieht der Lärm ab, aber die beiden wagen es erst nach einer Stunde wieder, die Augen zu öffnen. Andernfalls hätten sie gesehen, dass auf der Fahne stand: „Wir feiern, feiert mit!" und die einzige „Bewaffnung" der fremden Menschen in Musikinstrumenten und Sektflaschen bestand. Angst ist eben ein schlechter Ratgeber. Wir könnten anschließend den beiden Angsthasen die Information geben, dass die Fremden gutmeinend gewesen seien. Nur ist unwahrscheinlich, dass man uns glauben wird. Der ängstliche Schießscharrtenblick von früher sieht überall Feinde. Die alte Angst ist blind für neue Realität.

Abbildung 7

Im Angstzustand ist es nie möglich, Realität differenziert wahrzunehmen. Angst vergrößert Kriegsfahnen und übersieht Friedensfahnen. In diesem Fall hätte man den ehemaligen Turmbewohnern wünschen müssen, dass der Blitz der Aufklärung nicht nur die Mauer, sondern auch ihre Ängste zerstört hätte.

Dritte Phase: Auferstehung des Begrabenen

Das Ergebnis des Prozesses ist auf jeden Fall, dass etwas sichtbar und manifest geworden ist, das bisher im Schatten lag. Was vorher unter der Erde versteckt war, steht jetzt erkennbar im Licht.

Es gibt keine Garantie dafür, dass dies etwas Erfreuliches ist. Es könnte auch die Wiederkehr des Verdrängten sein, ein Auferstehen von Gestalten der Vergangenheit, die nicht willkommen sind. Bevor wir dann resignieren und uns beim Schicksal beklagen, könnten wir uns allerdings an das Gelernte erinnern: Erstens ist selbst ein Monster, wenn es ans Licht gekommen ist, bei Tag leichter zu bekämpfen als nachts. Zweitens könnte es vielleicht weniger monsterhaft sein, als uns erscheint. Durch die bisherigen Pluto-Prozesse sind wir hoffentlich heilsam verunsichert, so dass unsere fixe Zuordnung von Gut und Böse durcheinander gekommen ist. Licht und Schatten sind nicht mehr sauber getrennt, sondern purzeln durcheinander. Dieser Zustand ist nicht angenehm, hat aber Vorteile, wenn es darum geht, die guten Anteile des sogenannten Bösen zu erkennen, oder die vielen farbigen Zwischenstufen zwischen schwarz und weiß zu sehen.

Doch was sollen wir tun, wenn die auferstandenen Figuren bei uns weit hässlicher aussehen als auf dem Bild? Wenn sich plötzlich Gestalten, Verhaltensweisen, Triebe melden, die wir bisher in die Abteilung „innerer Schweinehund" gesteckt und in einer verborgenen Ecke der Seele arretiert haben? Schlecht! Dann würde die zu erwartende Befreiung der Gefangenen ein paar Kreaturen auf freien Fuß setzen, denen wir lieber nicht begegnet wären. Peinlicherweise können wir nun zum inneren Schweinehund nicht sagen: „Tut mir leid, ich kenne Sie nicht." In einem solchen Fall heißt es: Rücke um zwei Positionen zurück! Hier sind wir nämlich nochmals in der ersten Phase gelandet und fürchten uns vor Blitz und Veränderung. Wir erhalten Gelegenheit, als Wiederholungslektion nochmals in der zweiten Phase eine Neubewertung vorzunehmen. Die Ereignisse wollen erneut vorurteilslos betrachtet werden, solange, bis wir die Blumen wahrnehmen, die aus den Ruinen aufgeblüht sind.

Dazu noch ein kleiner Tipp aus der Praxis: Innere Schweinehunde lassen sich in der Regel nicht zähmen und zivilisieren, sondern nur verstecken. Falls dies wie im vorliegenden Fall nicht länger möglich ist, hilft nur noch die Strategie, sie zu lieben. Nachdem sie nun einmal ins Tageslicht getreten sind, beobachten wir sie so lange mit neugierigem Interesse, bis wir die menschliche Seite dieser süßen Schweinchen entdeckt haben. Anschließend führen wir sie lustvoll spazieren. Die Vermutung, dass wir dadurch alle Freunde verlieren und vereinsamen werden, ist unbegründet. Wir werden zwar einige Moralapostel unter den ehemaligen Freunden verlieren. Alle anderen jedoch werden instinktiv spüren, dass der Umgang mit uns nun prickelnder und interessanter geworden ist. Unser neues Verhalten wird unsere Freunde nämlich an ihren eigenen Schweinchenbestand erinnern. Schweine sind nicht nur Symbol für urweibliche Fruchtbarkeit, sondern auch einfach für das Lustprinzip.

Im folgenden konzentrieren wir uns im Sinne einer lösungsorientierten Astrologie auf die positiven Potentiale dieser Auferstehung des Begrabenen. Aus den Figuren auf dem Bild direkt abzuleiten wäre die Möglichkeit einer Unterstützung durch die Ahnen. Falls Sie daran glauben, dass die Verstorbenen nicht einfach weg sind und keine Kraft mehr haben, sondern um Unterstützung gebeten werden können, dann ist jetzt eine optimale Zeit, um diese Ressourcen zu wecken und nutzbar zu machen.

Auch wer nicht an die Hilfe verstorbener Ahnen glaubt, kann im psychologischen Sinn eine Stärkung anstreben, in dem belastende negative Erinnerungen aufgelöst werden und auf der anderen Seite stärkende Erinnerungen an gute Erlebnisse mit den Vorfahren gewürdigt und genutzt werden. In der Vergangenheit (Steinbock) falsch Programmiertes kann umprogrammiert werden (Pluto).

Die Analyse der Horoskope von Geschwistern, Eltern und Grosseltern ist aufschlussreich. Wir entdecken vererbte Muster, sich wiederholende Aspekte, gehäufte Besetzungen eines Tierkreiszeichens oder sogar derselben Tierkreisgrade und ähnliches. Dadurch wird klar: Wir sind nicht allein und nicht die ersten mit unserem Problem! Selbst wenn wir einem schweren Familienskript auf die Spur kommen sollten – in vergangenen Zeiten sprach man in solchen Fällen von einem Fluch, der auf der Sippe läge – haben wir durch das bewusste Erkennen des Musters eine gute Voraussetzung geschaffen, um nicht länger das blinde Opfer der unbewussten kollektiven Mechanismen zu bleiben. Meine persönliche Überzeugung ist: Wenn wir einen Familien-Aspekt freier und konstruktiver leben als in der Vergangenheit, dann haben wir dadurch nicht nur uns selber, sondern auch allen Familienmitgliedern geholfen, sogar wenn diese es nicht erfahren, sogar wenn diese längst tot sein sollten. Aber auch wenn uns kein so umfassender plutonischer Wandel gelingt – schließlich haben wir noch anderes zu tun und sind nicht ausschließlich auf die Welt gekommen, um den ganzen Stamm vom Fluch der Vergangenheit zu erretten – kann schon die Erkenntnis tröstlich sein, dass wir vielleicht die mildere Variante eines Familienaspekts abbekommen haben oder bessere Bedingungen um damit umzugehen. Zumindest haben wir die Astrologie, um Zusammenhänge klarer zu erkennen.

Es gibt noch weitere Gründe, um sich unter Pluto im Steinbock etwas mit dieser symbolischen Auferstehung der begrabenen Ahnen zu beschäftigen. Durch das Studium ihrer Horoskope und durch etwas Familienforschung erfahren wir Dinge über unsere Vorfahren, die wir nicht wussten. Dies ist als Fundament (Steinbock-Entsprechung) eine Bereicherung, um mutiger den eigenen Weg zu gehen. Da erfahren wir nämlich plötzlich von einem Familienmitglied, das einen sehr ähnlichen Lebensentwurf hatte wie wir selber. Ein anderer Vorfahre hatte vielleicht ein ähnliches Wertesystem wie wir. Möglicherweise fühlen wir uns irgendeinem Glied in der Kette sogar geistig näher verwandt als den eigenen Eltern. Plötzlich sind wir weniger allein. Es heißt, man könne die

Vergangenheit nicht ändern. Ich glaube nicht daran, denn man kann sie zumindest umdenken. Ich kennen viele Menschen, die durch eine plutonische Umbewertung der Vergangenheit eine völlig neue Sicht gewonnen haben. Früher erschien ihnen alles schlecht, nun erkennen sie, dass es in ihrer Kindheit auch Schönes und Wertvolles gab. Früher war es so, dass man es am liebsten vergessen hätte. Heute erinnert man sich gerne daran oder hat zumindest Akzeptanz gegenüber der eigenen Geschichte erreicht.

Wir werden in den nächsten Kapiteln noch feststellen, dass Familienthemen, die eigentlich dem Krebszeichen zugeordnet sind, zur Zeit ebenfalls eine Rolle spielen, weil der Krebs als Oppositionszeichen dialektisch mit dem Steinbock verbunden ist. Zwischen diesen beiden Zeichen gibt es teils Ergänzungsmöglichkeiten, teils auch ähnliche Entsprechungen, obwohl sie in recht unterschiedlicher Gestalt auftreten.

Zur möglichen Auferstehung von bisher Unsichtbarem gehört die Pluto-Entsprechung Magie. Wenn wir diesen Begriff etwas weiter fassen, bedeutet er einfach: Machtvoll etwas verändern, initiieren, erreichen können, und zwar unter Einbezug von irrationalen Kräften. Was nach der Ursache-Wirkungs-Mechanik nicht funktionieren kann, funktioniert vielleicht doch. Selbst so etwas Logisches wie Maschinen haben ja ihre irrationalen Seiten, erst recht alles Lebendige. Diese 16 Jahre bieten uns die Chance, vermehrt ganzheitliche Künste anzuwenden. Ich denke dabei an Methoden der Lebensführung oder des Managements, welche die Kraft des Unbewussten mit einbeziehen, an Methoden, die nicht vollständig erklärbar sind, sondern nur „einfach wirken", wie Geistheilung, Homöopathie, Aufstellungsarbeit, Astrologie, Rituale, Traumdeutung und viele andere mehr.

Dabei handelt es sich um eine doppelte Auferstehung, denn einerseits schöpfen diese Methoden aus dem vergrabenen Schatz des Unbewussten, und andererseits sind sie alt, wurden aber seit der Aufklärung für tot erklärt und können nun fröhlich auferstehen. Totgesagte leben ja bekanntlich länger. Die Astrologie war in der Vergangenheit und bis heute die am häufigsten totgesagte Technik. Nicht zufällig ist sie aber auch eines der ganz wenigen Systeme, welches immer wiedergeboren wurde und so die Jahrtausende intakt überlebt hat. Das ist ein ähnlicher plutonischer Vorgang, wie bei der bekannten Tatsache, dass eine überstandene schwere Krise oder Todesgefahr die Betroffenen stärker macht. Sie haben bereits eine Art Tod hinter sich, daher fürchten sie ihn weniger als andere. Das macht sie beinahe unsterblich.

Schattenthemen im Horoskop

Pluto im Steinbock fördert auch eine Auferstehung der Schattenthemen im Horoskop. Wir gehen in unserer Schule davon aus, dass die so genannten Schattenthemen – der Begriff ist aus der Tiefenpsychologie entlehnt – zwar oftmals mit Angst besetzt sind, jedoch im Grund eine Art Hochbegabung anzeigen. In vielen Jahren praktischer Deutungsarbeit hat es sich bewährt, mit der Hypothese zu arbeiten: „Dein stärkstes Schattenthema ist dein stärkstes Talent". Dieses enthält nämlich mehr Intensität und Überlebenskraft als die meisten bereits bekannten Begabungen. Es ist energiereicher als die leichten Naturtalente, die sich schon früh entfalten und selten Probleme machen.

Oft werden sämtliche Horoskop-Anlagen, die nicht bewusst und positiv verwirklicht werden, als Schattenthemen bezeichnet. Meist sind das die Langsamläufer Saturn, Uranus, Neptun und Pluto, sowie Symbole im Projektionsbereich des siebten Hauses. Für all dies verwende ich die Bezeichnung „Lernthemen". Bei den eigentlichen Schattenthemen habe ich eine engere Definition. Schattenthemen im Horoskop sind:

- persönliche Planeten, die einen Aspekt von Pluto empfangen
- rückläufige persönliche Planeten
- alle unaspektierten Planeten

Das Gemeinsame ist der prozesshafte, plutoähnliche Charakter dieser Themen. Die persönlichen Planeten sind Sonne, Mond, Merkur, Venus und Mars.

Schatten sind also in Wirklichkeit Talente. Jene Schatten, die auf dem Auferstehungs-Bild aus ihren Grabkisten herauskommen sind ja keine mordlustigen Draculas. Sie begrüßen freudig die Sonne. Und selbst wenn sie auf den ersten Blick schlimm aussähen, dürfte uns das nicht mehr schrecken, haben wir doch inzwischen gelernt, dem ersten Blick zu misstrauen. Notfalls wenden wir eine ähnliche Strategie an wie bei den inneren Schweinehunden.

Unter Pluto im Steinbock verborgene Talente entdecken, das könnte bedeuten:

- ungenutzte Fähigkeiten anerkennen und kultivieren
- im kreativen Bereich neues Verhalten einüben
- nicht gelebte Lebensträume wieder aktivieren
- eingeschlafene Berufsträume wieder aufwecken
- vergessene biografische Visionen wieder ernst nehmen
- Kindheitsträume neu bewerten

Wie finde ich im Horoskop diese verborgenen Talente? Es sind im wesentlichen jene Planeten, die jetzt vom laufenden Pluto durch Konjunktion oder einen andern Aspekt berührt werden. Im Kapitel über die Transite gehen wir differenzierter darauf ein. Als vereinfachte Faustregel kann aber gelten: Die in der offenen Grabkiste, das sind die Planeten mit Pluto-Transit.

Generell geht es darum, dass wir unsere verschluckten Kinder wieder ausspucken und mit ihnen sprechen. Pluto hilft uns zur Zeit und verleiht gewaltige Kraft. Es wäre also auch nützlich an einigen Stellen das Schild „unmöglich" abzuhängen und durch ein „eventuell doch möglich" zu ersetzen. Der Anblick eines solchen Schildes ermutigt unsere eigenen mutigen Anteile.

Nun folgt noch eine weitere Deutung für die drei Phasen, und zwar als Aufgabenstellung. Sie werden nun sozusagen als Arbeitsanleitung formuliert. Das hilft uns, aus der Zuschauerrolle heraus ins Handeln zu kommen. Die bisherigen Formulierungen appellieren nämlich nicht von selbst an die Eigenverantwortung. „Zerstören der Mauern", die bisherige Überschrift der ersten Phase, kann

zwar aktiv gehört werden: Ich zerstöre selbst mutig, was sich überlebt hat". Sie kann aber auch als Schicksalserwartung gelesen werden. Die zweite Phase „neues Leben blüht aus den Ruinen" hört
sich ein bisschen an wie ein Glücksversprechen, zu dem man
nichts mehr beitragen müsste. Bei der dritten Formulierung ist es
ähnlich. Daher hier noch drei alternative Titel, die einfach nur sagen, was man selbst tun könnte.

Ängste zerstören

Zu Beginn sollten wir die Angst-Mauern einreißen, die uns behin-
dern. Wir könnten falsche Sicherheiten als Gefängnis entlarven
und ausbrechen, um auf neuer Ebene sinnvollere Sicherheiten zu
erreichen. Wir erhalten die Gelegenheit, Müll aus der Vergangenheit zu entsorgen.

Am schwersten dürfte es dabei sein, überhaupt zu erkennen,
dass uns in einigen Bereichen die Ängste regiert haben. Beengende
Verhältnisse rühren zwar teils von objektiven äußeren Einflüssen
her. Die bisherige Haltung, dass man dagegen nichts machen könne, ist jedoch von der Angst diktiert. Und sie gilt es in Frage zu
stellen. Bestimmte Verhaltens-Varianten wurden gar nicht erwo-
gen, weil sonst etwas Furchtbares geschehen könnte, wie wir
dachten. Dieser Verdacht ist nun gründlich auf seinen Wahrheits-
gehalt zu überprüfen. Gründlich und unemotional. Mit der Sachlichkeit eines positiven Steinbocks. Das Zerstören der Ängste
muss nicht immer dramatisch vor sich gehen. Fleißige und gute
Selbstanalyse tut auch ihre Wirkung.

Bei einigen beengenden Verhältnissen werden wir feststellen,
dass wir uns selbst eingemauert haben. Dann ist es leichter, den
eigenen Ängsten zu erklären, dass sie nun in Pension gehen dürfen, weil wir für die Zukunft andere Sicherheitsstrategien wählen
werden.

Hier nochmals die Warnung, dass wir beim Einreißen klug vorgehen sollten: Sobald Mauern fallen, werden die darin eingemauer-

ten Ängste erst mal sichtbar! Dann gilt es dem Gefühl zu widerstehen, dass alles noch schlimmer geworden sei. Das wäre eine Verwechslung von Ursache und Wirkung. Die Ängste waren vorher während der Verdrängungsphase bereits dauernd anwesend. Damals war ihre unterschwellige Wirkung sogar schlimmer, obwohl sich die Ängste als Vernunft getarnt hatten. Die jetzt hochkommende Angst ist nicht neu! Sie kommt aus der Vergangenheit. Nach dem Abbruch der Mauer zeigt sie sich noch einmal, bevor sie sich verabschiedet.

Zeit lassen!

Zur Symbolik von Steinbock und Saturn gehört Chronos, der Herr der allmächtigen und allverwandelnden Zeit. So mutig wir auch in Phase eins und drei handeln müssen, dazwischen dürfen wir die Zeit wirken lassen. Die Zeit verbindet und heilt Wunden. Allerdings dauert es länger, wenn wir ungeduldig herumzappeln und sie nicht lassen.

In der Zwischenzeit geht es, wie oben angedeutet, um die Gelegenheit, unsere Einstellung zu ändern. Die Zeit kann gefüllt werden mit Selbstreflexion. Wenn wir ehrlich mit uns sind: Es gibt wenig, was spannender ist, als die Beschäftigung mit uns selbst.

Mit einer neuen Bewertung und einem neuen Blickwinkel auf das was uns bisher als Gut oder Böse erschien, schaffen wir wichtiges Baumaterial herbei für eine bessere Zukunft. Das braucht etwas Training. Wer die Zeit mit Nachdenken und liebevoller Selbsterziehung füllt, dem wird das Warten nicht langweilig, bis dann endlich neues Leben aus den Ruinen blüht.

Neben der ernsten Arbeit, zu erkennen, in welchen Bereichen wir unbewusst mit einer Angst-Optik reagierten und der anschließenden Übungs- und Trainingsphase, um die Angst zu verwandeln, neben all diesen konzentrierten Arbeiten lohnt es sich auch, einfach mal wie ein Kind aus dem Fenster zu gucken und auf das Neue zu achten, das gerade herüber kommt. Chancen wollen wahrgenommen werden. Da wir noch nicht wissen, wie sie aussehen, sollten wir einfach absichtslos ans Fenster gehen. Das Fenster ist ja keine Schießscharte mehr, wir haben freiere Sicht. Weil wir in dieser Phase nach nichts bestimmtem suchen müssen, sollten wir vielleicht ein Kissen ins Fenster legen, etwas Zeit vertrödeln und auf alles neugierig sein.[8]

Schatten wecken

Hier sollten wir alles Menschenmögliche tun, um den Schatten zu integrieren. Alles, was uns fremd war, könnte Teil von uns werden. Ich habe keine Ahnung, ob „Multikulti" ein soziologisch nützliches Konzept ist, aber beim Umgang mit unserem Inneren haben wir keine Wahl: Wir müssen das Fremde integrieren, denn wir können es nicht durch die Fremdenpolizei ausweisen lassen. Wie fremd unser innerer Pluto auch erscheinen mag, wie sehr er auch nach Knoblauch riecht oder undemokratische Verhaltensweisen an der Tag legt: Er ist Teil von uns.

Machen wir es uns dabei nicht allzu schwer. Es geht nicht darum, dass wir im Verlauf von 16 Jahren zu Heiligen werden und keine Schatten mehr haben. Schon wenn wir die Tatsache anerkennen, dass es ein Stück Neandertaler in uns gibt, ist das ein Riesenfortschritt gegenüber dem absoluten Angst- und Verdrängungszustand der Turminsassen. Wenn wir dann auch noch anfangen mit ihm zu reden, sind wir schon gewaltig weitergekommen. Übrigens könnte der Neandertaler auch ein Talent sein. Er ist sicher recht potent. Überangepassten Mitmenschen, die selbst in der Auseinandersetzung mit Grobianen stets höflich zurückkrebsen, könnte er als Bodyguard nützlich sein.

---

[8] Das erscheint Ihnen zu harmlos und zu einfach für ein Pluto-Thema? Nein, es ist schwer. Machen Sie die Gegenprobe und versuchen es mit angstbesetztem Blick: Sie werden nichts Neues sehen. Es funktioniert erst, wenn man sich auf einer gewissen Entwicklungsstufe der tabulosen Wahrnehmung befindet.

Oben wurde erläutert, auf welche Weise die Astrologie eingesetzt werden kann, um die verborgenen Talente genauer zu defi-
nieren und am richtigen Ort zu suchen.

Auch positive Talente können, wenn sie nach Jahren der Miss-
achtung zum ersten Mal herausgelassen werden, ein bisschen
schattenhaft aussehen. Sie dürften sich nicht sofort von ihrer besten Seite zeigen. Vielleicht sagen wir dann zu unserem potentiellen
Talent: „Ich weiß, dass ich dich bisher nicht mit Streicheleinheiten
überschüttet habe. Aber du bist in Zukunft willkommen, egal, wie
du dich jetzt verhältst. Ich gewähre dir ein Jahr Schonzeit, während du dich in meiner inneren Wohngemeinschaft einrichtest."

Zum Schluss sei nochmals darauf hingewiesen, dass es nicht
immer nach dem Schema dieser drei Phasen ablaufen wird, es ist
auch mal eine andere Reihenfolge denkbar oder dass eine der drei
Phasen ein Übergewicht erhält. Und manchmal dürfen wir diese
drei Schritte mehrfach gehen, auch beim selben Thema. Das Leben arbeitet bekanntlich mit Wiederholungen, und es gibt immer
eine zweite Chance.

Zusammenfassung

Pluto im Steinbock kann nicht statisch beschrieben werden, etwa
als eine bestimmte Eigenschaft, als Ereignis oder Problem. Steinbock, das Prinzip der Zeit spiegelt eine Entwicklung aus der Vergangenheit in Richtung Zukunft. Pluto, das gestaltwandelnde
Prinzip tritt immer in mehreren Gestalten auf, beziehungsweise
verwandelt sich von der einen in die andere. Daher gebe ich nicht
einfach einen Deutungsbegriff, sondern beschreibe diese Konstellation prozesshaft, als einen dreiphasigen Ablauf:

Erste Phase: Zerstören von Mauern, was teils „schicksalhaft"
durch Ereignisse geschehen kann, teils freiwillig aus Einsicht in
die Notwendigkeit. Hier gilt es, mit den eigenen Ängsten sinnvoll
umzugehen.

Zweite Phase: Neues Leben blüht aus den Ruinen. Die Brüche wachsen neu zusammen. Wir erhalten die Gelegenheit, uns in Geduld zu üben, Innenschau zu betreiben und der Entwicklung ihre Zeit zu lassen.

Dritte Phase: Auferstehung des Begrabenen. Aus dem Unbewussten tauchen vergessene Talente auf, bisher verdrängte Möglichkeiten. Schatten erwachen und wollen tabulos betrachtet werden. Wie meist erweisen sich die Schatten als Kinder des Lichts – falls wir zu dieser Sichtweise bereit sind.

Steinbock-Pluto-Themen
im Zeitgeschehen

Pluto steht zum ersten Mal seit seiner Entdeckung im Steinbock. Daher liegen keinerlei Erfahrungsberichte von Astrologen aus früheren Epochen über diese Zeitqualität vor. Wir können also nur versuchen, im Nachhinein durch historische Untersuchungen gewisse Muster zu erkennen.

Der Übergang von Schütze zu Steinbock entspricht einem Paradigmenwechsel vom Idealismus zum Realismus. Zur Illustration verwende ich das Schiller-Zitat aus Wilhelm Tell, in welchem die Originalformulierung mit dem neuen Leben aus Ruinen erscheint. Es spiegelt sehr genau den Übergang Plutos vom Schützen zum Steinbock im 18. Jahrhundert, den Schiller – noch unter Pluto im Schützen geboren – in seiner Jugend erlebt hat.

Der Dichter verwendete bei seinem Drama über den Schweizer Nationalhelden einen historischen Stoff. Als in der zweiten Hälfte des dreizehnten Jahrhunderts die späteren Eidgenossen begannen, sich zusammenzuschließen, trat Pluto ebenfalls gerade in den Steinbock. (Der legendäre Schwur auf dem Rütli erfolgte dann allerdings erst unter Pluto im Wassermann.) Beim ersten Schiller-Zitat scheint Pluto soeben in das Steinbockzeichen getreten zu sein. Der alte Eidgenosse Attinghausen bedauert diese Veränderung. Er hängt noch an den vermeintlich besseren alten Zeiten. Das Zitat verdeutlicht den negativ gelebten Schütze-Pluto. Dabei wird den Ausländern (Schütze-Prinzip), den Fremden die Schuld in die Schuhe geschoben. Das ist noch heute eine beliebte Verhaltensweise – nicht nur von Eidgenossen:

Attinghausen:
O unglücksel'ge Stunde, da das Fremde
in diese still beglückten Täler kam,
der Sitten fromme Unschuld zu zerstören!
Das Neue dringt herein mit Macht, das Alte,
das Würd'ge scheidet, andre Zeiten kommen,

es lebt ein andersdenkendes Geschlecht!
Was tu' ich hier? Sie sind begraben alle,
mit denen ich gewaltet und gelebt.
Unter der Erde schon liegt meine Zeit;
wohl dem, der mit der n e u e n nicht mehr braucht zu leben! [9]

Plutonischer kann man die negativen Steinbock-Gefühle nicht ausdrücken als mit dem Satz „unter der Erde schon liegt meine Zeit". Die Klage Attinghausens gibt uns ein gutes Bild für eine mögliche reaktionäre Schattenseite der aktuellen Konstellation: Man glaubt, dass früher alles besser war, damals herrschte Recht und Ordnung, doch dann kamen die Fremden und brachten alle Probleme.

Aber Schiller ist Skorpion und belässt es nicht dabei. Er billigt dem alten Attinghausen eine Wandlung und Entwicklung zu: Noch bevor er in dem Drama stirbt, erkennt und akzeptiert der alte Eidgenosse, dass die jungen Generation unter Pluto im Steinbock das Fundament für eine neue positive Zeit gelegt hat. Die Erhebung der Waldstätte besteht übrigens darin, die Mauern von drei Türmen einzureißen und die Burgen des Gegners zu schleifen! Attinghausen erfährt davon und hat die Größe, dies mit dem bekannten Zitat zu würdigen. Darin begegnen wir dem Steinbock-Pluto in seiner konstruktiven Form:

Attinghausen:
O saget mir! Geschlossen ist der Bund?

Melchthal (ein junger Eidgenosse):
Am gleichen Tage werden alle drei
Waldstätte sich erheben. Alles ist
bereit, und das Geheimnis wohlbewahrt
bis jetzt, obgleich viel Hunderte es teilen.
Hohl ist der Boden unter den Tyrannen,
die Tage ihrer Herrschaft sind gezählt,
und bald ist ihre Spur nicht mehr zu finden. (...)

Attinghausen:

---

[9] Friedrich Schiller, Wilhelm Tell, 1804, zweiter Akt, Schluss der ersten Szene

Das Alte stürzt, es ändert sich die Zeit,
und neues Leben blüht aus den Ruinen.[10]

Attinghausen, der vorher in seinem Misstrauen gegen das Neue alle Symptome eines kinderfressenden Saturn zeigte, hat sich rechtzeitig umgestellt. Er kann in Frieden sterben, im Vertrauen auf seine Kinder und Nachkommen. Die Realität gibt dem Recht. Aus der Gründung der Eidgenossenschaft ist eine stabile lange Geschichte geworden.

Zur Zeit der Reformation 1516 – 1532

Diese Phase mit Pluto im Steinbock fiel in eine Zeit, in der sich die Renaissance in Europa endgültig durchgesetzt hatte. Renaissance heißt Wiedergeburt und ist ein Pluto-Begriff. Selbst in Deutschland war das Mittelalter definitiv vorbei. Zurück zu den Quellen, zurück zu den Errungenschaften der Antike, zur alten Bildung, das war die Devise. Sie erfasste auch die Theologie: Luther und andere Reformatoren erklärten die Bibel zum einzig verbindlichen Quellentext für alle. Während vorher ausschließlich Priester die Bibel lesen durften, schuf die Reformation für jeden Bürger, der lesen konnte, die Möglichkeit, direkt aus der heiligen Schrift zu schöpfen, was zu einer Wiedergeburt des Evangeliums und zu einem erneuerten Christentum führte.

Die Reformation wollen wir als eines der Schlüssel-Ereignisse jener Epoche etwas näher betrachten. Abbildung 8 zeigt das Datum, an dem Luther seine 95 Thesen verfasste. Laut der Legende soll er sie an die Schlosstüre in Wittenberg geheftet haben. Das ist vermutlich historisch unrichtig, enthält aber, wenn wir es als Symbol nehmen, große Wahrheit, denn der Thesenanschlag ist ein Bild für die Demokratisierung der Theologie. Nicht nur der Erzbischof

---

[10] Friedrich Schiller, Wilhelm Tell, 1804, vierter Akt, zweite Szene.

und die Fachleute, sondern jeder Mensch sollte darüber diskutieren können.

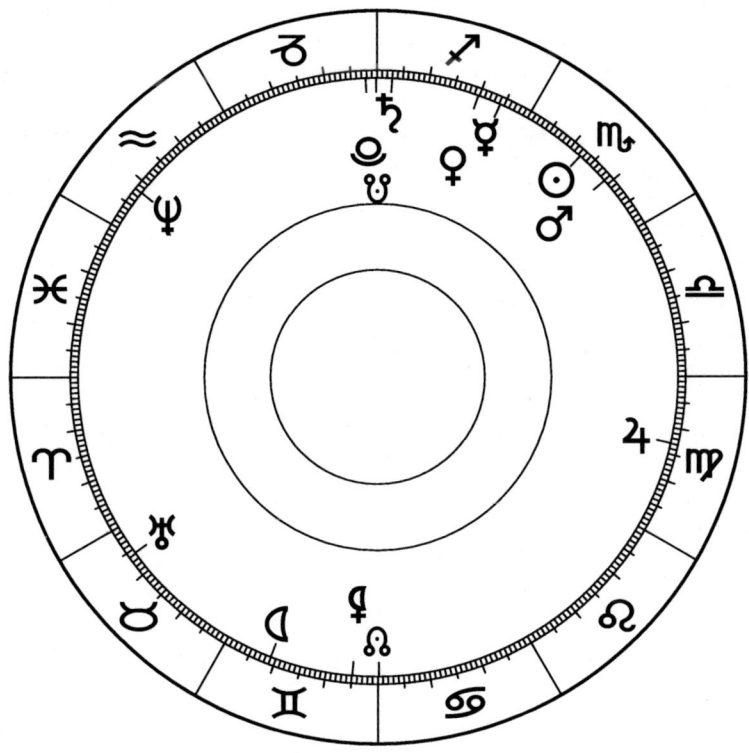

Abbildung 8: Beginn der Reformation 31. Oktober 1517, julianisch, Wittenberg. An diesem Tag schrieb Luther sein 95 Thesen an den Mainzer Erzbischof

Das Horoskop zeigt – wie Luthers Geburtshoroskop – eine Skorpion-Sonne, das Plutonische ist mehrfach betont. Auch die Kombination Steinbock und Pluto kommt wiederholt vor: Pluto ist im Steinbock und gleichzeitig in Konjunktion mit Saturn. Dieser steht noch im Zeichen des Schützen, welches hier Glaube und Priesterschaft symbolisiert. Ebenfalls befinden sich zwei persönliche Planeten in Schütze. Zwischen Saturn und Pluto ist der südliche Mondknoten, gerade noch im Steinbock stehend.

1. Phase von Pluto im Steinbock
(Zerstören der Mauern – Ängste zerstören)

Nicht nur das Monopol der katholischen (wörtlich der „einzigen allgemeinen") Kirche stürzte ein, sondern auch ihre politische Macht. Wenn Mauern einstürzen, kommen Ängste hervor. Der Papst drohte aus dem Turm zu stürzen, seine Angst vor Machtverlust war real begründet. Anderseits zerstörten die Reformatoren durch ihre ermutigende Botschaft die Ängste der Gläubigen, die zuvor in Furcht vor Hölle und Fegefeuer gehalten wurden. Das befreite sie vor dem inneren Zwang, ihr letztes Hemd als Ablass zu spenden, um so die Kassen des Vatikan zu füllten.

Später zeigten sich viele Schattenseiten der Reformation, nicht zuletzt entsetzliche Kriege. Aber hier geht es nicht darum, die Reformation historisch korrekt zu würdigen; wir wollen ausschließlich den dreiphasigen Prozess des Steinbock-Pluto aufzeigen, um Lernmaterial für die Gegenwart zu erhalten. Allerdings nimmt uns die Astrologie die Entscheidung darüber, welche Kirchen, Staaten, Parteien heute zu den verkrusteten Machtstrukturen gehören, die zerstört werden sollten, nicht ab.

2. Phase von Pluto im Steinbock
(Neues Leben blüht aus den Ruinen – Zeit lassen!)

Grosse humanistische und theologische Debatten blühten damals auf. Volksbewegungen sprossen aus dem Boden. Manche Volks- und Kirchenlieder, die wir heute noch singen, gehen auf jene Zeit zurück. Die Welt war auf einmal wieder voller Hoffnung.

Luther persönlich geriet in eine für diese Phase charakteristische Situation, in der ihm nichts anderes übrig blieb, als zu hoffen und „Zeit zu lassen". Nach dem Reichstag musste er sich verstecken, zog sich zurück, nutzte jedoch die Zeit, indem er die Bibel übersetzte. Symbolträchtig erscheint mir die Tatsache, dass er sich dazu freiwillig – als Schutzhaft – in einen Turm begab! Auf der

Wartburg übersetzte er zuerst das neue Testament, das sofort in etwa hundertdreißig Auflagen erschien, so dass bereits am Ende der Pluto-im-Steinbock-Phase jeder Deutsche, der lesen konnte, Zugang dazu hatte. Wir erkennen einmal mehr: Die Stille der zweiten Phase, in der man auf der äußeren Ebene nichts bewegen kann, enthält, wenn sie richtig genutzt wird, ein gewaltiges geistiges Potential. Luthers deutsche Bibel war darüber hinaus die Geburtsstunde der deutschen Sprache, die erst jetzt als Nationalsprache die Bühne der Weltliteratur betrat.

3. Phase von Pluto im Steinbock
(Auferstehung des Begrabenen – Schatten wecken)

Der alte Glaube war wieder auferstanden. Der direkte Zugang zu Gott, die persönliche Priesterschaft jedes Einzelnen, wie sie in der Antike bestanden hatte, wurde in der reformierten Kirche erneut etabliert. Als die ehemalige Nonne Katharina von Bora den ehemaligen Mönch Luther heiratete, war das auch eine Wiedergeburt der weiblichen Priesterschaft. Diese war im Frühchristentum ganz selbstverständliche Praxis gewesen und musste dann von den Päpsten mühevoll beseitigt werden. Jahrhunderte hatte es gedauert, bis die Namen der zahlreichen frühchristlichen Bischöfinnen alle aus den Dokumenten getilgt waren und sich das Monopol der Männer durchgesetzt hatte. Ob die Frage weiblicher Priesterschaft zwischen 2008 und 2024 in der katholischen Kirche wieder aktuell werden wird?

Aus der Grabkiste kamen daneben auch Gestalten, die weder dem Papst noch Luther sympathisch waren: die Bauern. Das Steinbockzeichen hat viel mit dem Landbau zu tun und den Menschen, die ihn betreiben. Zwar wurden die Bauern von den Fürstenheeren bald wieder abgemurkst, dennoch betraten damals mit den Bauernkriegen zum ersten Mal die besitzlosen Stände die moderne Weltgeschichte.

Neben der Reformation will ich hier in Kürze noch zwei Ereignisse erwähnen, die ebenfalls typisch für den Steinbock-Pluto sind und sich beim nächsten Durchgang im achtzehnten Jahrhundert auf ähnliche Weise wiederholten.

Die Spanier eroberten damals das Reich der Inkas und der Azteken. Das Motiv war Festigung der Macht, ein Steinbock-Thema. Damals baute Karl der Fünfte ein Weltreich rund um den Erdball auf, in dem die Sonne nie unterging, wie gerne gesagt wird. Das Interesse an den Inkas erklärt sich in erster Linie durch ihre unerhörten Goldschätze, und ich bin überzeugt, dass der Umgang mit den Bodenschätzen ein Pluto-Steinbock-Thema ersten Ranges ist.

In jene Zeit fiel auch die erste Belagerung Wiens durch Süleyman den Ersten. Die Auseinandersetzung mit der Türkei und anderen islamischen Kulturen scheint auch unter Pluto im Steinbock eine Lernaufgabe für den Westen zu sein. Damals wurden anschließend unter Pluto im Wassermann die Türken geschlagen, worauf sie sich übrigens nach Osten wandten und den heutigen Irak eroberten. Die aktuellen Bezüge winken mit dem Zaunpfahl.

Zur Zeit der Aufklärung 1761 – 1778

Der nächste Durchgang Plutos durch den Steinbock führt uns in das Europa der Aufklärung. Im Zentrum standen die Fragen der Menschenrechte. Die französische und auch die amerikanische „Erklärung der Menschenrechte" haben seither Geschichte gemacht. Damals wurde ferner die jüngste Generation jener Rebellen geboren, die später bei Pluto im Wassermann mit dem Sturz der Aristokratie durch die französische Revolution den damals größtmöglichen Tabubruch bewirken sollten.

Abbildung 9 zeigt das Horoskop der Unabhängigkeitserklärung Amerikas. Es ist gleichzeitig Gründungs- und Staatshoroskop der USA. Wir nehmen es hier als Schlüsselereignis für Pluto im Steinbock. Gleichzeitig liefert es Material für das Studium der Jahre 2008 – 2024, denn die USA werden in dieser Zeit vier entscheidende Oppositionen des aktuellen Transit-Pluto erfahren und zuletzt dann noch die erste Wiederkehr des Pluto zur Radix-Stellung.

Bleiben wir aber vorerst bei der Zeit der Unabhängigkeitserklärung und suchen nach Entsprechungen, die uns das Wesen des Steinbock-Pluto näher bringen können.

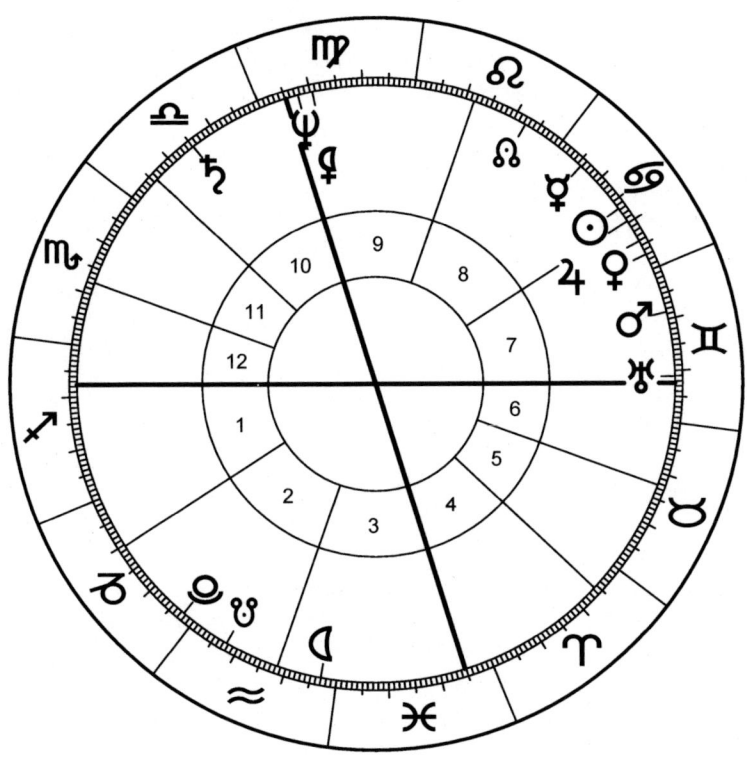

Abbildung 9: Unabhängigkeitserklärung, Gründungshoroskop der USA, 4.7.1776, 16:47 LMT, Philadelphia (75W10, 39N57), Quelle Astrologie Heute

1. Phase von Pluto im Steinbock
(Zerstören der Mauern – Ängste zerstören)

1776 sind die Burgen der Kolonialisten gefallen. Seit ewigen Zeiten hatte die Angst der Untertanen vor den Herren funktioniert, sie waren nicht einmal auf die Idee gekommen, ohne Herrn zu leben. Doch nun erklärten die Bürger sich zu Herren. Sich von der englischen oder französischen Krone loszusagen, war ein gewaltiger Schritt. Etwas bislang ganz Normales einfach nicht mehr mitzumachen, erforderte Mut. Durch einen modernen Vergleich können wir nachvollziehen, wie ungewohnt das war. Ähnlich ungewohnt wäre es, wenn heute jemand sagen würde: Schaffen wir mal die Parteien ab und machen die Demokratie ohne sie. Dabei sind doch alle modernen Demokratien Parteien-Demokratien. Wer außer ihnen soll die Interessen der Bürger bündeln? Das geht doch nicht. Der Satz „das geht nicht" ist immer mauerverdächtig. Hinter der Mauer tauchen Ängste auf, und hinter den Ängsten neue kreative Möglichkeiten.

2. Phase von Pluto im Steinbock
(Neues Leben blüht aus den Ruinen)

Neben den bekannten positiven Folgen der Unabhängigkeitserklärung sei hier nur darauf hingewiesen, dass die Befreiung der Bürger zu einem großen wirtschaftlichen Aufschwung führte. Die technische Revolution verbreitete sich in den USA viel schneller, und bis ins zwanzigste Jahrhundert hinein kamen von dort immer wieder wichtige Neuerungen zu uns herüber.

3. Phase von Pluto im Steinbock
(Auferstehung des Begrabenen – Schatten wecken)

Die Idee der Demokratie und der Republik stammt aus der Antike. Sie tauchte dann durch die Wiederbelebungs-Bewegungen der Renaissance an einigen Orten erneut auf, setzte sich aber nicht durch. Erst jetzt mit der Unabhängigkeitserklärung wurde ein Signal gesetzt. Seither ist die Demokratie zur weltweit dominierenden

Staatsform geworden, wenn auch in unterschiedlichen Varianten und meist mit diktatorischen Elementen vermischt. Sollten wir darin etwa die geweckten Schatten erblicken? Nun, was als schattenhaft definiert wird, hängt sehr vom Betrachter ab. Für europäische Fürsten war es im 18. Jahrhundert die Unabhängigkeitserklärung als solche, die Schatten weckte: Der Kuhhirte, der Cowboy als staatstragender Souverän, das konnte in ihren Augen nur schrecklich und schattenhaft sein. Doch für die Mehrheit der Betroffenen war Amerika über fast einen ganzen Pluto-Zyklus hinweg zu einem „Land der unbegrenzten Möglichkeiten" geworden.

Werfen wir noch kurz einen Blick auf Europa. Dort kommen wir unter Steinbock-Pluto in die Epoche der josephinischen Reformen. Kaiser Joseph der Zweite (Regierungszeit 1764-1790) war eine bescheidene Fische-Persönlichkeit und trat mit wenig Pomp auf. Doch das lag nicht nur an seiner Person. Typisch für die Steinbockphase war sein Versuch, Privilegien und Sonderrechte der oberen Klassen einzuschränken und religiös verbrämten Machtanspruch durch die Kirche einzudämmen. Seine Vision war die ordnungsstiftende Kraft von ehrlichen Beamten, die sich wie auch der Kaiser als Diener des Volkes verstanden. Die Abschaffung der Leibeigenschaft begann (mit wenigen Ausnahmen) erst in dieser Epoche. Es hatte der Aufklärung und der Konsequenz des Steinbocks bedurft, um jetzt endlich diesem Relikt aus dem Mittelalter ein Ende zu bereiten.

Kaiser Joseph war auch in einen der letzten Türkenkriege verwickelt, wir werden bei Besprechung der heutigen Zeit auf dieses Thema zurückkommen.

In jenen Steinbock-Pluto-Jahrzehnten während der Aufklärung tauchte ferner das Schlüsselthema Landwirtschaft und Bauernstand wieder auf. Damals verbreitete sich unter der Bezeichnung „Physiokratismus" eine der ersten differenzierten Wirtschaftstheorien. Aus heutiger Sicht wäre sie bestimmt unzeitgemäß, sie entspricht jedoch optimal der astrologischen Zeitqualität. Diese Theorie geht nämlich davon aus, dass die Landwirtschaft Quelle des gesamten gesellschaftlichen Reichtums sei. Wert und Mehrwert entsteht nach den Physiokraten einzig aus dem Austausch des Menschen mit der Natur.

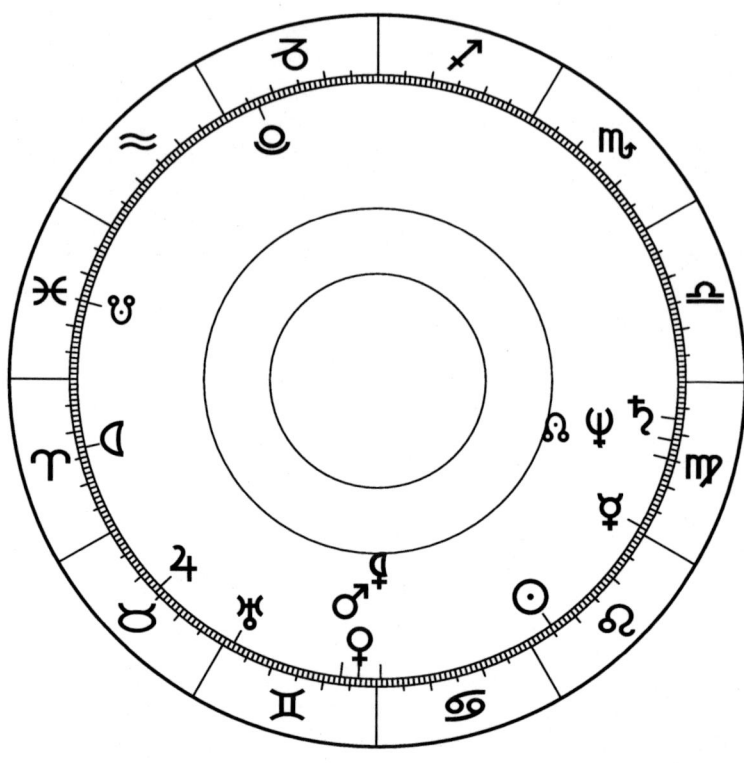

Abbildung 10: Erste Magnetismus-Behandlung durch Franz Anton Mesmer, 28. 7. 1774 (Mittagsstände), Wien, Quelle: Wikipedia

Ein interessantes Einzelereignis zeigt Abbildung 10. Pluto stand im Steinbock, als Franz Anton Mesmer eine Heilmethode erfand, die Mesmerismus genannt wurde, später Magnetismus. Es handelt sich um eine feinstoffliche Heilmethode. An jenem Tag heilte Mesmer zum ersten Mal in der moderneren Medizingeschichte eine Frau durch Auflegen von Magneten, also ohne irgendwie in den Körper einzugreifen oder eine materielle Substanz als Pille einzugeben. Etwas Energetisches, das Mesmer selbst theoretisch nur ungenügend erklären konnte, heilte die Patientin. Im Horoskop ist wieder eine Saturn-Pluto-Verbindung zu finden und auch Neptun spielt eine Schlüsselrolle. Plötzlich war der Körper keine undurchdringliche Mauer mehr, verborgene unsichtbare Kräfte konnten – nach Art des Steinbocks – konkret und sichtbar zu wirken beginnen.

Im ersten Kapitel kamen astrologische Vorurteile zur Sprache, sowie die Notwendigkeit diese abzubauen. Der Blick auf die Vergangenheit zwingt uns geradezu, gewohnte Deutungen in Frage zu stellen. Reformation, Aufklärung, Revolution, das Land der unbegrenzten Möglichkeiten – das alles hätten wir vielleicht dem Schützen zugeordnet, mehr noch dem Wassermann, jedenfalls nicht dem Steinbock. Denn wir meinten zu wissen: Steinbock ist stur, konservativ und sträubt sich gegen Veränderung. Die geschichtlichen Tatsachen zeigen ein anderes Bild.

Auch in Kunst und Kultur merken wir nichts von den behaupteten konservativen Tendenzen des Steinbocks. Um es kurz zu machen bleiben wir bei einem einzigen Beispiel: Goethe schuf während der Phase mit Pluto im Steinbock zum Beispiel den Werther, einen ziemlich verrückten Kultroman für junge Leute, schockierend mit einem Selbstmord am Ende. Werthers Liebe ist letztlich eine einzige plutonische Leidenschaft, die gegen Ehe und Beamten-Anstand rebelliert. Diese ganze Epoche der deutschen Literatur erhielt – scheinbar steinbock-untypisch – die Bezeichnung „Sturm und Drang". Damals führte Goethe mit seinem Götz von Berlichingen auch den berühmten Satz „Sag ihm, es soll mich im ... lecken" in die Weltliteratur ein.

Zeitgleich schrieb Goethe den Urfaust. Er griff einen Stoff über den Doktor Faust wieder auf, der genau 250 Jahre davor – ebenfalls unter Pluto im Steinbock – entstanden war. Faust, eine typisch plutonische Renaissance-Figur, erforscht tabulos alles, was ihm in die Hände gerät und ist der Erfinder des Homunculus, heute würden wir sagen: der Idee eines geklonten Menschen. Goethes Urfaust ruft nach einer Erneuerung (Pluto) der Wissenschaft (Steinbock):

Faust:
Habe nun, ach! Philosophie,
Juristerei und Medizin,
und leider auch Theologie!
durchaus studiert, mit heißem Bemühn.
Da steh ich nun, ich armer Tor!
und bin so klug als wie zuvor. (...)
Und sehe, dass wir nichts wissen können!
Das will mir schier das Herz verbrennen. (...)
Es möchte kein Hund so länger leben!
Drum hab ich mich der Magie ergeben,
daß ich erkenne, was die Welt
im Innersten zusammenhält.[11]

Goethes Faust verdanken wir auch eine der besten Beschreibungen des Pluto-Prinzips. Als Faust den Mephistopheles fragt, wer er sei, lautet die Antwort:

Ein Teil von jener Kraft,
die stets das Böse will und stets das Gute schafft. (...)
Ich bin ein Teil des Teils, der anfangs alles war,
ein Teil der Finsternis, die sich das Licht gebar.[12]

Obwohl es dem Vorurteil des konservativen Steinbocks widerspricht, wimmelte es in den geschichtlichen Beispielen nur so von Magie, Rebellion, demokratischen Impulsen und Fortschrittsgedanken! Wenn wir im Folgenden unsere Gegenwart deuten, so sollten wir also die Steinbock-Zeitqualität nicht nur als festhaltend reaktionär sehen, sondern auch mit ihrer gesetzgebenden und erneuernden Kraft rechnen.

---

[11] Johann Wolfgang Goethe, Faust, der Tragödie erster Teil, erste Szene, Zeile 355 ff..

[12] Johann Wolfgang Goethe, Faust, der Tragödie erster Teil, Studierzimmer, Zeilen 1335 ff.

Heute 2008 – 2024

Das Fundament (Steinbock) für eine neue Epoche (Pluto) wird jetzt gelegt. Es ist unsere Aufgabe, in diesen 16 Jahren Ordnungen zu erschaffen oder wiederzuentdecken, die Zukunft haben. Dies ist teils nötig, weil die Weiterentwicklung die bisherigen Ordnungen in Frage gestellt oder aufgelöst hat, teils weil bestimmte Systeme einfach nicht flexibel genug sind, um mehrere Pluto-Wandlungsphasen zu integrieren. Denn beständig (Steinbock) ist bekanntlich nur der Wandel (Pluto), eine Redensart, die wie geschaffen erscheint, um die aktuelle Zeit zu charakterisieren.

Wegen der Steinbock-Symbolik sollten wir darauf achten, „für die Ewigkeit" zu bauen, zumindest aber längerfristig zu denken. Die klassische politische Arbeit, nämlich Feinkorrekturen anzubringen, um den Entwicklungen der letzen fünf oder zehn Jahre entgegenzuwirken, mag auf anderen Ebenen nützlich sein. Pluto im Steinbock aber fragt immer grundsätzlich nach Systemwandel: Was sind die Prioritäten, um unseren Enkeln in dreißig, sechzig oder neunzig Jahren eine gute Basis zu geben?

Das bisher entwickelte Deutungsmaterial gibt uns Hinweise darauf, wo das Neue zu suchen ist: Versteckt in alten Gemäuern. Seien wir also hellwach, wenn der Blitz in Türme fährt! Fast immer kommen ein paar Gefangene daraus hervor, die viel Zeit hatten um nachzudenken. Wir sollten ihnen zuhören!

Achten wir ferner auf Türme, deren Besitzer die Qualität ihres Blitzableiters loben und täglich versichern, ihr Turm sei unzerstörbar. Solchen Behauptungen etwas zu misstrauen, könnte nicht schaden. Man braucht nicht immer auf den Blitz zu warten, sondern könnte selbst Hand anlegen. Öffnung von Türmen ist meist ein Segen für alle Beteiligten, und aus dem Abbruchmaterial gewinnen wir Steine für Neubauten.

Folgende Themen stehen vermutlich zur Bearbeitung an. Ich erwarte, dass einiges davon sich schon zu Beginn der Steinbock-Pluto-Phase zeigt. Natürlich ist völlig offen, ob jeweils die positive oder negative Möglichkeit überwiegt.

Gefahr: Heere der Schatten und Ausgestoßenen drängen in die
  Realität
Chance: bisher inaktive Bevölkerungsschichten schaffen Neues

Gefahr: Ruf nach Strafe, Polizei, Härte, nach starken Führern
Chance: verantwortungsbewusste, eigen-initiative Bürgeraktivitäten

Gefahr: Staatsmacht kontrolliert und unterdrückt Bürger
Chance: Staatsmacht vertraut Bürgern und schafft Sicherheit

Gefahr: Korruption, erstarrte, handlungsunfähige Gesellschaft
Chance: Aufdeckung, Reform, verjüngte Gesellschaft

Gefahr: Weitere Kriege um Energie-Ressourcen
Chance: Verbreitung von erneuerbarer Energie

Der reaktionären Sehnsucht nach den „guten" alten Zeiten ist
zweifach zu misstrauen, erstens weil sie nicht neu ist. Lesen wir
nämlich Aussagen von Menschen aus jenen alten Zeiten nach denen wir uns sehnen, so stoßen wir auf zahlreiche Klagen, wie
schlecht es jetzt sei, während früher alles viel besser gewesen sei.
Es ist eine Tatsache, dass jede Generation das glaubt. Zweitens ist
diese Klage oft mit der Stammtisch-Meinung verbunden, eine harte Hand sei nötig und eine ordentliche Tracht Prügel gegen Aus-
länder, Kinder und rebellische Weiber müsse wieder – wie in den
guten alten Zeiten – erlaubt sein.
  Da zur Zeit der Drucklegung dieses Büchleins noch kaum aktuelle Erfahrungen vorliegen, orientieren wir uns hier einfach an den
Themen der letzten beiden Epochen. Folgende Fragestellungen
sind bei beiden vergangenen Perioden von Pluto im Steinbockzeichen aufgetaucht, und könnten somit auch zur aktuellen Zeitqualität gehören:

Amerika

Unter Steinbock-Pluto wurden Teile Amerikas entdeckt, unter derselben Konstellation erfolgte dann die Gründung der USA. Aktuell könnten die Amerikaner sich selbst oder ihre Geschichte neu entdecken. Sicher wird es im Machtkampf um die Ölquellen und in der Konkurrenz mit China auch negative Entsprechungen geben. Sollten aber beim Entstehen einer multipolaren Welt die USA von der Bürde der alleinigen Weltführung und Weltpolizei erlöst werden, dann könnte das auch eine neue „Unabhängigkeitserklärung" sein. – Eventuell wird auch das Machtgefälle zwischen Nord- und Südamerika zur Disposition gestellt. Eine freundschaftliche Begegnung der US-Eliten mit ihren Schattenbrüdern und Schattenschwestern in Lateinamerika könnte für beide Seiten fruchtbar und bereichernd sein.

Türkenkriege

Die in allen Steinbock-Pluto-Perioden beobachteten Türkenkriege bringen uns auf die Idee, die aktuelle Frage, ob die Türkei zu Europa gehören solle, von einer neuen Seite her anzugehen. Bisher wurde ein Schütze-Massstab angelegt: Passen die Türken weltanschaulich zum christlichen Abendland? Erfüllen sie die demokratischen Anstandsregeln, die wir ihnen vorgeben? Dem Steinbock gemäß wären vielleicht sachlichere Fragen wie: Was sind die Kosten der Integration? Was sind die Kosten, wenn wir die Türkei ins Lager der islamischen Staaten zurückdrängen? Es wäre auch lohnend, zu untersuchen, wie groß der Beitrag der Türken zur abendländischen Kultur ist.

Der starke Staat

Kaiser Joseph versuchte mit seinen Reformen die Gesellschaft von mafiösen Parallel-Imperien zu befreien und deren Macht dem Reich zurückzugeben. Anschließend reformierte er den Staat im Sinne der Aufklärung, so dass die Bürger ihn rationaler kontrollieren konnten. Das Zentrum (Kaiser) erhielt weniger Macht, die Institutionen mehr. Ich bin zu wenig Fachmann, um zu beurteilen, ob das auch für heute ein Konzept sein könnte. Skeptischer bin ich beim jetzt wieder öfter gehörten Ruf nach dem starken Staat mit harter Armee und Polizei. Das erinnert mich sehr an die Ursehnsucht der Menschen nach einem „guten Tyrannen", der streng mit den Feinden umgeht, aber alles nur zu unserem Wohl. Ich möchte dieser fragwürdigen Hoffnung Steinbock-Argumente entgegensetzen: Wir haben in Deutschland mit der Ermächtigung von Diktatoren nicht so glänzende Erfahrungen gemacht. Einige wenige Male in der Weltgeschichte gab es relativ gute Ergebnisse damit: Im republikanischen alten Rom bestand die Möglichkeit, in Krisenzeiten einen Diktator zu wählen, der aber verfassungsmäßig beschränkt war und nach einem halben Jahr endgültig zurücktreten musste. Fast alle übrigen Versuche der Weltgeschichte mit einem „guten" starken Führer waren ausschließlich für den Führer gut. Man kann das ja einmal sachlich wie ein Steinbock untersuchen, indem man eine Strichliste der Erfolge und Misserfolge macht, und dann die richtigen Konsequenzen zieht.

Wissenschaftliche Erneuerung

Wie in der Vergangenheit könnte Pluto im Steinbock auch diesmal Tod und Wiedergeburt der Wissenschaft anzeigen oder ein neues wissenschaftliches Paradigma hervorbringen. Wo sind heute die faustischen Sucher und Forscher?

Medizin

Die Entdeckung des Heilmagnetismus durch Franz Anton Mesmer griff eine Tradition wieder auf, die seit Paracelsus verschüttet gewesen war und eröffnete einen neuen Weg, der dann über die Homöopathie, über Hypnosetherapie, Traumdeutung, Psychotherapie bis zu Reiki und anderen heute aktuellen Methoden der feinstofflichen Heilung führte. Was haben diese sanften neptunischen Methoden mit Pluto zu tun, der doch einem allgemeinen Gerücht zufolge nie sanft sein kann? Vielleicht müssen wir Astrologen auch hier umlernen und neue Entsprechungen akzeptieren. Immerhin wirken manche dieser Heilkünste so machtvoll, wie wir es von Pluto erwarten. Diese geistigen Heilmethoden könnten sich später, wenn Pluto durch die Fische zieht, nochmals erneuern und dann die Medizin verändern. Beim letzten Durchgang Plutos durch das Fische-Zeichen erschien Hahnemanns „Organon der Heilkunst"; seither kennt die Menschheit die Homöopathie. Doch schon früher wurde mit dem Heilmagnetismus die Grundlage dafür gelegt. Steinbock ist das Zeichen von Gesetz und Gesetzmäßigkeit, und damals unter Pluto im Steinbock erkannte Mesmer, dass Materie gesetzmäßig aus unsichtbarem Stoff, aus Energie bestehen müsse. Heutige physikalische Forschung bestätigt dies. Es handelt sich bei dieser Erkenntnis also nicht um eine bildhafte Fische-Vision, sondern um ein Steinbock-Gesetz. Ich selbst hatte zuvor in allen geistigen Heilweisen nur die Fische-Komponente gesehen. Das Umdenken von der Schema-Deutung zu einer Sicht mit neuen Entsprechungen ist immer wieder spannend!

Grund und Boden

Wir haben oben bereits erfahren, dass der Umgang mit den Bodenschätzen ein Steinbock-Pluto-Thema erster Ordnung ist. Neben den Edelmetallen zählt heute auch das Erdöl dazu. Damals raubten die Conquistadoren den Inkas das Gold. Wem rauben wir heute die Bodenschätze? Im übertragenen Sinn stellt sich auch die Frage, wie weit wir überhaupt der Erde die Schätze ihres Inneren entnehmen sollten. Könnten demnächst neue Ressourcen gefunden werden oder bereits bekannte alternative Wege mehr ins Zentrum rücken? Wegen der Verknüpfung des Steinbock-Zeichens mit seinem Oppositions-Zeichen Krebs sollten wir ferner bedenken, dass das Grundwasser zur selben Thematik gehört. Hoffentlich rückt uns die Frage des Trinkwassers mehr ins Bewusstsein, ist es doch eine Basis des Lebens. Die Mythologie zeigte uns außerdem, dass Ackerbau und Landwirtschaft der Steinbock- und Saturn-Symbolik unterliegen, ebenso der Bauernstand, wie wir bei den Bauernaufständen während der Reformation sahen. In den kommenden 16 Jahren sollten die Organisatoren dieser Welt also die Landwirtschaft zur Chefsache erklären und den Menschen, die direkt mit dem Boden umgehen, helfen, ihn nicht auszurauben oder zu verderben, sondern zu pflegen. Wenn der Mensch ist, was er isst, dann wäre es angebracht, dass wir künftig sehr liebevoll mit den Landwirten umgehen, und ebenso mit den Pflanzen und Tieren.

Zusammenfassung

Ein Blick auf die vergangenen Epochen mit Pluto im Steinbock zeigt: Strukturen, Institutionen und Machtverhältnisse stürzten ein. Aus den Ruinen blühten Ideen für eine Neuordnung der Welt. Die bisher Unterprivilegierten griffen in die Geschichte ein. Der dem Steinbockzeichen zugeschriebene konservative Charakter scheint sich unter Pluto zu verändern, so dass wir bei der Untersuchung der Geschichte auf viele Reformen, Erfindungen und Revolutionen gestoßen sind, die wir auf den ersten Blick eher dem Wassermann-Prinzip zugeordnet hätten.

In der aktuellen Zeit sind demnach ähnliche Umbrüche möglich. Vor- und Nachteile eines starken Staates, Korruption und Reformen dürften uns vermehrt beschäftigen. Amerika, speziell die USA, ist auf Pluto im Steinbock besonders resonant. Darüber hinaus gibt es ein paar spezifische Themen, welche für diese Konstellation hochgradig charakteristisch sind, wie Landwirtschaft, Boden, Wasser, ferner die Bodenschätze und die Verteilung der Ressourcen, außerdem die Erneuerung der Wissenschaft und der medizinischen Forschung. Ferner könnten bisher unbeachtete Klassen, Nationen oder Bevölkerungsteile in die Geschichte eingreifen.

Steinbock-Pluto-Themen beim Individuum

Psychologische Dynamik

Nicht anders als im kollektiven Bereich ist auch bei der Einzelperson eine Phase des Umbaus zu erwarten. Die im dritten Kapitel entwickelten Deutungsstichwörter gelten hier gleichfalls: Fallende Mauern und ein Aufblühen oder eine Auferstehung neuen Lebens wird in jeweils unterschiedlicher Weise zu beobachten sein. Dabei ist das Ergebnis des Prozesses nicht vorherzubestimmen. Unterschiedliche Erfahrungen sind möglich, und mehr noch als im gesellschaftlichen Bereich kommt es hier auf die innere Einstellung an, das heißt auf die Frage, wie wir auf die Herausforderungen der Zeit reagieren.

Als Hauptvarianten sind denkbar:
- Sicherheiten verändern sich oder stürzen sogar ein
- daraufhin verstärktes Abschotten, Verhärtung
- oder offener Ausbruch von Affekten und Ängsten
- Umdenken oder Therapie
- Lustvolles Ausbrechen aus Mauern
- oder nüchterne Einsicht in die Grenzen des bisherigen Verhaltens
- Wecken von Ressourcen
- Ausbruch von Kreativität
- erneute Angst vor dem Ungewohnten, Selbstzensur, Selbstsabotage
- Verwandlung von Ängsten in Mut
- Wecken von begrabenen Talenten

- Gefühl von Vitalität und Macht
- erworbene Krisenfestigkeit

Es ist nahe liegend, dass wir in verschiedenen Situationen unterschiedlich reagieren werden. Beispielsweise könnten bei einem im Grund nur mittelschweren Problem ganz ungeahnte innere Widerstände (Steinbock) oder gar Angst und Panik (Pluto) auftreten, so dass wir glauben, uns selbst nicht mehr zu kennen. In einem anderen Fall beobachten wir möglicherweise, dass wir angesichts einer größeren Herausforderung ganz instinktiv eine neue kraftvolle Verhaltensweise an den Tag legen. Dann glauben wir aus anderem Grund, uns selbst nicht mehr zu kennen.

Wenn wir nach einem solchen Highlight annehmen, dass wir „es" nun endgültig begriffen hätten, dann jedoch noch mal ein unerwarteter Rückfall in alte Ängste oder Gewohnheiten erfolgt, sollten wir uns nicht ärgern, sondern höchstens wundern. Plutos Lernprozesse verlaufen nicht linear, sondern zyklisch. Je schneller wir uns an unlogische Abläufe gewöhnen, desto leichter können wir das paradoxe Wesen des Pluto-Archetypus verstehen und willkommen heißen.

Wieder in einer anderen Situation könnten wir vielleicht in einer Talsohle ankommen, die sich schrecklich anfühlt, worauf wir denken: „Wenn ich aus diesem Sumpf überhaupt je wieder herauskomme, dann brauche ich bestimmt Jahre dafür!" Wundern Sie sich aber nicht, wenn es schneller geht, denn gerade im Sumpf fühlt sich Pluto tierisch wohl und regeneriert sich dort im Rekordtempo.

Das Wichtigste ist vielleicht, dass wir uns klarmachen, wie Pluto-im-Steinbock-Lösungen entstehen: Zur Hälfte durch unsere Bemühungen, zur andern Hälfte durch irrationale „Zufälle". Auf dem Weg zur Lösung entstehen im Verlauf der Zeit Bedingungen, die wir beim besten Willen nicht selbst hätten erschaffen können, die wir einfach nicht im Griff hatten. Freie Wahl haben wir dann nur noch in der Art, wie wir dies bewerten. Wir könnten darüber verzweifeln und mit dem Schicksal hadern, dass es sich eine neue Lösung hat einfallen lassen, und nicht die, welche unser Wille herbeiführen wollte. Wir könnten es als eine Frechheit des Schicksals bewerten, dass es uns Lösungen präsentiert, die jenseits unserer Kontrolle liegen. Wir hätten aber auch die Wahl, einfach dankbar zu sein oder es als Beitrag aus dem spirituellen Bereich positiv zu bewerten.

Mit folgenden Polaritäten werden Individuen unter Pluto im Steinbock höchst wahrscheinlich in Kontakt kommen:

Gefahr: extreme Sicherheitsängste
Chance: konkrete Lösungsschritte, Therapie

Gefahr: Leidenschaften und Schattenseiten unterdrücken
Chance: Leidenschaften und Schattenseiten würdigen und ihnen einen Ort im Leben zuweisen

Gefahr: Verschärfte Täter-Opfer-Spiele und Eltern-Kind-Spiele
Chance: gewaltfreie eigenverantwortliche Problemlösungen

Gefahr: Unterdrückung von Bedürfnissen
Chance: Umwandlung oder Befreiung von Bedürfnissen

Die letzten beiden Polaritäten haben mit der Dialektik Steinbock-Krebs zu tun. Es ist damit zu rechnen, dass die ergänzenden Krebs-Themen immer wieder eine Rolle spielen werden. Je intensiver wir uns im Steinbock-Bereich auf Leistung und Beruf konzentrieren, desto mehr brauchen wir zum Ausgleich Privatheit, Geborgenheit und Raum für Bedürfnisbefriedigung. Wo es daran fehlt, werden womöglich auch im Familien- und Privatbereich Mauern einstürzen. Wenn dann anschließend neues Leben aus den Ruinen blüht, bekommen wir Gelegenheit, die erneuernde Kraft Plutos auch im Gefühlsbereich zu erleben.

Regeln verändern

Bevor wir die speziellen Pluto-Themen und die persönlichen Transite untersuchen, kommen noch zwei generelle Verhaltensempfehlungen zu Pluto im Steinbock für Menschen, die ihre Lebensweise der aktuellen Zeitqualität angleichen möchten.

Die erste Empfehlung lautet: Regeln verändern! Regeln unterliegen dem Saturn-Prinzip; die „Absicht" des Pluto ist es, Veränderung zu bewirken. Neben den sinnvollen Regeln, die uns helfen, mit uns und der Umwelt optimal klarzukommen, gibt es auch eine Menge Regeln, denen wir uns nur aus Angst vor Sanktionen oder sonstigen negativen Folgen beugen. Dadurch erreichen wir zwar eine relative Sicherheit, schränken uns aber auch ein und erstarren zunehmend.

Fragen wir uns also von Zeit zu Zeit:

Was kontrolliere ich zu angstvoll?
Was ist erstarrt und blockiert?

Falls wir dabei auf Hemmungen und Ängste stoßen, dann brauchen wir nicht unbedingt darauf zu warten, bis der Blitz einschlägt und Veränderungen erzwingt. Wir könnten schon vorher damit beginnen, negativen oder selbstzerstörerischen Gewohnheiten entgegen zu treten, indem wir täglich eine kleine Mutprobe machen, über einen Schatten springen, ein neues Verhalten einüben usw.

Leider befolgen wir manchmal auch Regeln, die wir gar nicht selbst aufgestellt haben und halten uns an Gesetze, die wir nicht unterzeichnet haben, ja bei denen wir nicht einmal wissen, dass wir sie befolgen. Es handelt sich dabei um unbewusste Entscheidungen, die wir als Reaktion auf leidvolle Erfahrungen getroffen haben, oft schon in früher Kindheit. Solche Gesetze wirken wie eine unhörbare Stimme aus dem Über-Ich herunter. Es gibt zum Beispiel Menschen, die nach dem Gesetz funktionieren: „Du wirst immer der Letzte sein." Andere organisieren unbewusst ihr Leben nach der Anweisung: „Sei nicht glücklich, sonst passiert etwas Schreckliches!" Auch Lebenseinstellungen und Glaubenssätze wie

„arm aber ehrlich" oder „die Männer wollen alle nur das Eine" haben oft gesetzgebenden Charakter, denn sie schaffen einen Erfüllungszwang.

Wenn wir so einen Mechanismus erkennen, dann könnten wir Plutos zertrümmernde Energie einsetzen, um diese Gesetze außer Kraft zu setzen. Anschließend nutzen wir Steinbocks gesetzgeberische Potenz und erlassen alternative Bestimmungen. Wer bisher zwanghaft stets der Erste sein musste, könnte sich etwa die Suggestion geben: „Ich bin ok, unabhängig von meiner Leistung," oder: „es macht Spaß, gelegentlich an Konkurrenzspielen teilzunehmen." Das Verliererskript könnte ersetzt werden durch die Verordnung: „Ich habe das Recht auf Erfolg."

Die gesetzgeberische Tätigkeit kann sehr lustvoll sein. Vielleicht verfallen wir auf Formulierungen wie: „Ich habe das volle Recht auf Glück und Lebenslust!" Oder: „Wohlstand und Teilhabe am Glück dieser Welt ist ein Menschenrecht, das auch mir zusteht." Oder: „Ich ziehe Männer an, die differenziert liebesfähig sind." Oder: „Es ist für mich selbstverständlich, dass ich liebe und geliebt werde," und so weiter.

Übung

Wenn Sie gegen negative Skripts und alte Gewohnheiten angehen möchten, können Sie sich wie folgt spielerisch in gesetzgeberischer Tätigkeit üben:

Hängen Sie in jedes Zimmer ein großes Blatt mit der Überschrift „Heute mache ich mir Folgendes zur Regel:......" Legen Sie Stifte in die Nähe und erlassen Sie spontan Gesetze. Sie können diese, wenn sie sich bewähren, für den Rest des Lebens befolgen – oder auch nur als Tagesmotto nehmen. Experimentieren Sie ruhig auch mal mit einem etwas gewagten Vorsatz. Sie können die Regeln jederzeit wieder durchstreichen, ändern usw. Lassen Sie sich von der gesetzgeberischen Lust leiten!

Das Haus renovieren

Die zweite Empfehlung betrifft weniger die Ebene des Denkens und der inneren Einstellungen, sondern die Handlungsebene. Bildhaft gesprochen ist nun die Zeit gekommen, das Haus zu renovieren. Häuser in ihrer Bausubstanz unterliegen dem Saturn-Prinzip. „Renovieren" ist ein klassisches Pluto-Wort. Wenn wir das Haus als Symbol für unser Ich oder für unsere Lebensführung nehmen, so finden wir recht bald die Stellen mit Renovierungsbedarf.

Renovieren heißt zuerst einmal das Notwendige tun. Um Pluto gerecht zu werden, sollten wir dabei hinter den Putz schauen. Ein feuchter Fleck an der Wand verschwindet zwar aus dem Blickfeld, wenn wir ihn hinter einem schönen Poster verstecken. Oberflächenkosmetik ist aber nicht angebracht, wenn dahinter die Substanz verrottet ist. Falls das System der Wasserleitungen überaltert und leck ist, hilft das schöne Poster nicht weiter. Jetzt tritt das plutonische Paradox in Kraft: Schöner wird es nur, wenn wir den Mut zur Hässlichkeit finden. Nun gilt es, Wände aufzubrechen, Bauschmutz zu ertragen und des Übels Wurzel zu beseitigen!

Zuletzt sieht es dann tatsächlich schöner aus als zuvor. Das sollte nun auch gefeiert werden, um die plutonische Wahrheit zu bestätigen: Auf Dreck folgt Lust und Freude. Beenden wir also die abgeschlossenen Renovierungsarbeiten mit einem orgiastischen Fest!

Ergreifen wir an dieser Stelle die Gelegenheit, ein weiteres Vorurteil zu revidieren: Ein Fest feiern? Doch nicht mit Pluto und Steinbock, denkt man spontan, denn Pluto ist immer hintergründig und ernst, und Steinbock kann sowieso nicht lachen. – Im Gegenteil: Der sogenannt trockene britische Humor ist weitgehend auf dem Steinbock-Prinzip aufgebaut. Und Pluto kann sehr wohl feiern. Er kann sich sogar so ekstatisch vergessen, wie kein Anderer! Auch der Mythos belegt dies. Denken wir nur an die plutonische Orgie bei der Befruchtung des Ackers in Latium, die im zweiten Kapitel beschrieben wurde.

Was Saturn und Steinbock betrifft, können wir uns auch an den altrömischen Saturnalien orientieren, die kein Mythos sind, sondern eine historische Tatsache. Während wir heute bei der Wintersonnwende, beziehungsweise den ersten Graden des Steinbockzeichens an ein besinnliches Weihnachtsfest denken, feierten die Römer in jenen Tagen zu Ehren des Saturn ein wildes Fest, das allen gewohnten Vorstellungen über den Steinbock Hohn spricht. Die gesamte gesellschaftliche Ordnung wurde nämlich durcheinander gebracht. Die Diener durften die Herren spielen, die Herren mussten die Arbeit der Diener tun. Saturns Ordnung, so sehr sie das Jahr über respektiert war, wurde nun auf den Kopf gestellt. Junge Männer verkleideten sich als Mädchen, die Frauen als Männer, was zu höchst aufregenden neuen sexuellen Erfahrungen homo- und heterosexueller Art führte. Anstandsregeln waren aufgehoben, alle verbotenen Spiele waren offiziell genehmigt.

Kommentar aus der Sicht des Steinbockzeichens: Eine Ordnung ohne Freiräume und ohne Toleranz für Chaos-Anteile ist wertlos und lebensfeindlich. Kommentar aus der Sicht Plutos: Ohne Tabubruch keine Erneuerung! – Die Phase mit Pluto im Steinbock bietet uns faszinierende Möglichkeiten, Angst in Mut umzuwandeln und Langeweile in Leidenschaft. Allerdings fürchte ich, dass wir dabei nicht weit kommen, wenn wir nicht bereit sind, aus einigen Gewohnheiten auszubrechen und es nicht wagen, auch mal „böse" zu sein.

Besonders betroffen: Saturn und Pluto Persönlichkeiten

Auf eine aktuelle Zeitqualität besonders resonant sind stets Persönlichkeiten, in deren Geburtshoroskop dieselbe Konstellation bereits als Anlage vorhanden ist. Der klassische Fall wäre die wörtliche Wiederkehr einer Planetenposition. Wer mit Pluto im Steinbock geboren wurde, erfährt jetzt die erste Wiederkehr Plutos zu seiner Geburtsstellung. Allerdings müsste dieser Mensch 250

Jahre alt sein, so dass er zur Zeit wahrscheinlich anderes zu tun hat, als Transite zu deuten.

Pluto – und genauso übrigens auch Neptun – hat eine derart lange Umlaufzeit, dass kein Mensch einen vollständigen Zyklus erleben kann. Schon aus dieser Tatsache wird ersichtlich, dass es sich um überpersönliche Kräfte handelt, welche eine Einzelperson weder vollständig verstehen noch integrieren kann. Neptun und Pluto sind kollektive Menschheitsenergien, von denen dem Individuum ein kleiner Anteil bei der Geburt als Leihgabe zur Verfügung gestellt wird.

Resonant auf die aktuelle Pluto-im-Steinbock-Zeitqualität sind auf andere Weise jedoch Menschen mit mehrfacher Besetzung des Steinbockzeichens. Sie erhalten Gelegenheit, diese rationale und realistische Anlage durch Pluto-Energie zu ergänzen und einen neuen Umgang mit irrationalen Regungen und Leidenschaften zu erproben. Sie erfahren besonders gewichtige Transite des Pluto. Diese werden im nächsten Kapitel einzeln besprochen.

Stärkste Resonanz auf die aktuelle Zeitqualität haben Menschen mit einem Hauptaspekt zwischen Saturn und Pluto im Geburtshoroskop. Am prägnantesten tritt das Thema bei der Konjunktion und der Opposition zu tage. Es handelt sich um folgende Geburtsjahrgänge:

Konjunktion 1914 /1915	(Krebs)
Opposition 1930/1931	(Krebs-Steinbock)
Konjunktion 1947/1948	(Löwe)
Opposition 1965/1966	(Jungfrau-Fische, mit Uranus)
Konjunktion 1982/1983	(Waage)
Opposition 2001/2002	(Schütze-Zwillinge)
Konjunktion 2020	(Steinbock)

Frauen und Männer dieser Jahrgänge haben zur Zeit ein Heimspiel. Sie kennen die Kombination des Steinbocks, beziehungsweise des Saturn mit Pluto bereits aus ihrer Geburtsanlage. Einige von ihnen werden den aktuellen Transit daher nicht als überraschend neues Thema empfinden, sie werden angemessener reagieren und das Ganze sanfter und positiver erleben.

Allerdings ist ein Heimspiel noch keine Garantie für einen Sieg. Wenn jemand seinen Aspekt in den letzten Jahren negativ gelebt hat, ist jetzt umso dringender eine Korrektur fällig, und es geht ans Mauern einreißen. Vielleicht wird dann diese Herausforderung oder drohende Niederlage – gerade weil man ein leichtes Heimspiel erwartet hatte – sogar als besondere Frechheit des Schicksals empfunden. Hinter der Empörung des Betroffenen steckt dabei möglicherweise auch Scham, weil er in einem Bereich, in dem er sich eigentlich auskennen sollte, wie ein Anfänger reagiert. Allzu große Strenge gegen sich selbst ist aber nicht angemessen, denn an dieser schwergewichtigen Aspekt-Aufgabe haben sich schon manch ehrenwerte Geistesgrößen die Zähne ausgebissen.[13]

Das Problem besteht meist in der Einseitigkeit. Jeder Aspekt fordert, dass wir die beiden darin verknüpften Planeten ausgewogen ins Leben einbringen. Aber die so gegensätzlichen Aspektpartner Saturn und Pluto verleiten dazu, entweder mehr dem einen oder dem andern den Vorzug zu geben. Die folgende Gegenüberstellung zeigt, dass es nicht leicht sein dürfte, beiden gleichzeitig gerecht zu werden:

Saturn	Pluto
Stabilität	Wandel
Sicherheit	Extremverhalten
Sachlichkeit	Dramatik

Wer könnte beides problemlos unter einen Hut bringen? Hat jemand über längere Zeit mehr auf Vorsicht und Sicherheit gebaut, so wird sich jetzt Pluto in den Vordergrund drängen, damit auch der Gegenpol zum Zug kommt. Das ist zwar objektiv gesehen eine Notwendigkeit, um Harmonie und Ausgleich zu schaffen. Für

---

[13] Wer sich angesprochen fühlt, kann aus dem Studium von Prominenten-Horoskopen mit Pluto-Saturn-Aspekt viel Trost und Erkenntnis beziehen: Wir finden unter ihnen Michail Gorbatschow, Joschka Fischer, Clara Schumann, Carl Maria von Weber, Alexandre Dumas, Max Ernst, Paula Modersohn-Becker, Jürgen Drews, Joan Baez, Thorwald Dethlefsen und viele andere. Diese Horoskope und weitere Forschungsmöglichkeiten bietet die Internet-Seite www.astrosuche.net

die Betroffenen fühlt es sich aber gar nicht harmonisch an, sondern wie wenn das Schicksal ihn einseitig in plutonische Extreme hineinreißen wollte. In Tat und Wahrheit war das einzig Extreme, dass dieser Mensch sich zuvor derart einseitig nur auf die Saturn-Seite geschlagen hatte, obwohl ihm sein Aspekt zwischen Saturn und Pluto ja die Aufgabe stellt, beides gleichermaßen zu leben.

Derselbe Mechanismus tritt auch in Kraft, wenn jemand über längere Zeit nur plutonische Dramatik gelebt und alle Brücken hinter sich abgebrochen hat. Dann fordert jetzt die Saturn-Energie ihr Recht. Sie verlangt Erdung und Verbindlichkeit, was von dem Pluto-Übertreiber vermutlich ebenfalls als extrem und einseitig empfunden wird.

Menschen aus den Jahrgängen 1947/48 und 1982/83 mit der Konjunktion von Saturn und Pluto ist zu empfehlen, diese Anlage jetzt zu pflegen und weiter zu entwickeln, und zwar unabhängig davon, ob ein direkter Transit darüber vorliegt. Es handelt sich zwar um ein Jahrgangsthema, das größere Menschengruppen gleichzeitig betrifft. Die individuelle Besonderheit zeigt sich jedoch deutlich in der jeweiligen Häuserstellung. Dieses Haus sollte dann zur Entwicklungs- und Wachstumsregion erklärt werden! Notieren Sie sich einmal die verschiedenen Themen, die mit jenem Haus assoziiert werden. Wenn es beispielsweise das fünfte Haus ist, dann notieren Sie: Lebenslust, Kreativität, Kinder, Freizeit, Risikofreude usw.. Beim sechsten Haus: Gesundheit, Selbstheilkräfte, Organisation, Zeitmanagement, Natur und Umwelt usf. Es geht um die verschiedenen Bereiche, die in jedem Haus zusammengefasst sind. Untersuchen Sie anschließend, welche davon besonders entwicklungsbedürftig sind und investieren Sie dort, damit etwas wachsen und aufblühen kann! Wenn Veränderung oder „Renovierung" nötig sind, so packen Sie diese mutig an, denn der Zeitpunkt für schnelle Entwicklung ist jetzt günstig. Vielleicht wird es sogar ein Heimspiel...

Zusammenfassung

In dritten Kapitel wurden die allgemeinen Deutungsregeln erarbeitet: Pluto in Steinbock zeigt sich in einem Prozess von drei Phasen, was nun auch auf die Entwicklung des einzelnen Individuums zu übertragen ist. Im nächsten Kapitel geschieht dies durch praktische Transitdeutungen. Im vorliegenden Kapitel verwiesen wir auf bestimmte Menschengruppen, die besonders resonant sind auf die aktuelle Konstellation. Ferner erarbeiteten wir Strategien für Menschen, welche diese 16 Jahre gut nutzen und Pluto mit einer angemessenen Haltung begrüßen wollen:

- Regeln verändern
- das Haus (unser Leben) von der Substanz her renovieren und
- ein orgiastisches Fest feiern.

Pluto-Transit
zum Geburtshoroskop

Orbis

Für Transite ist ein enger Orbis zu nehmen. Etwa ein Grad vor dem genauen Übergang beginnt die Wirksamkeit, ein Grad dahinter endet sie. Wer also beispielsweise seinen Merkur auf 12° 30' Steinbock stehen hat, sucht den Zeitpunkt heraus, an dem Pluto bei 11°30' steht, um den Anfang des Transits zu ermitteln. Wenn der laufende Pluto zum letzten Mal bei 13°30' den Orbis wieder verlässt, ist die Auslösung zu Ende. Im konkreten Fall erhalten wir eine Zeitspanne vom März 2013 bis zum November 2015. Durch Plutos mehrfache Hin- und Rückwege sind es auch in den andern Fällen meist zwei Jahre oder etwas mehr.

Eine genauere Zeitbestimmung hat sich in meiner Praxis nicht bewährt. Man könnte zwar denken, das Thema wäre vorübergehend nicht mehr aktuell, wenn Pluto für einige Monate den Orbis verlässt, um dann später wiederzukehren; ich beobachte aber, dass auch in diesen „Zwischenphasen" der Transit weiter wirkt. Ferner könnte man erwarten, dass Schlüssel-Erlebnisse stattfinden, wenn der Transit jeweils minutengenau ist. Das ist zwar manchmal zu beobachten, aber genauso oft finden die wichtigen Ereignisse ganz am Rand des Orbis statt. Ungefähr zeitgleiche Progressionen oder andere Transite können den Pluto-Transit nämlich gleich zu Beginn intensivieren oder aber verzögern.

Wir dürfen auch nicht vergessen, dass wir selbst einen Einfluss auf das Geschehen haben. Wer von Anfang an aktiv und lösungsorientiert damit beginnt, die Transit-Botschaft umzusetzen, wird möglicherweise schneller vorankommen als jemand, der sich zuerst einmal ein Jahr lang sträubt und dessen einzige Aktivität darin besteht, zu hoffen, an seinem Turm, in den er sich eingebunkert hat, möge sich nichts ändern. Art und Zeitpunkt des Mauerfalls – um beim Bild des Gefängnisturmes zu bleiben – hängt also nicht allein vom Gang der Himmelkörper ab. So merkwürdig es klingt: Nicht nur wir Menschen müssen manchmal auf das Schicksal Rücksicht nehmen, sondern auch das Schicksal auf uns. Wo jemand seinen Turm bereits verlassen und die Mauer sorgfältig abgetragen hat, dort kann der Blitz nicht mehr mit der gleichen Dramatik Veränderung hervorrufen, wie andernorts.

Wir notieren uns also den Monat von Plutos erstem Eintritt in den Orbis des Geburts-Planeten sowie den Monat, an dem er den Orbis endgültig verlässt und gehen davon aus, dass dieses Radix-Potential während der gesamten dazwischen liegenden Zeit „zur Bearbeitung ansteht", ohne weiter ängstlich in die Tabellen zu gucken. Wozu auch? Wollen wir etwa herausfinden, wann genau „es" passieren könnte? Was eigentlich? Eben das, was wir befürchten. – Weil das Horoskop nicht als Kristallkugel funktioniert, lautet die viel spannendere Frage: „Wie ist diese Befürchtung eigentlich in mir entstanden, und wie könnte ich sie wieder los werden?" Die Beantwortung solcher Fragen ist unter einem Pluto-Transit ganz besonders Erfolg versprechend.

Astrologie betreiben bedeutet auch: Fragestellungen verändern. Die ängstliche Frage: „Wie wird die Zukunft werden?" ersetzen wir durch die Frage: „Wie möchte ich mir meine Zukunft gestalten?" Die Frage: „Werde ich das Ziel erreichen, und wenn ja wann?" ersetzen wir durch die eigenverantwortliche Fragestellung: „Was kann ich heute dazu beitragen?"

Aspektklasse

Bei der Transitbeschreibung verzichte ich auf eine Unterscheidung zwischen den roten Aspekten (Opposition und Quadrat) und den blauen (Trigon und Sextil). Pluto erweist sich nämlich als ziemlich resistent gegen die Aspektklasse. Die Energiemenge des Planeten Pluto ist hoch. Der Pluto-Transit ähnelt einem Besucher aus einem anderen Universum, aus dem Bereich der Kollektivkräfte. Das ist für die betroffene Geburtsanlage eine ziemliche Umstellung. Man ist so damit beschäftigt, dem Besucher ein angemessenes Gästezimmer für zwei Jahre in seinem Leben einzurichten, dass daneben die Frage, ob Pluto nun auf dem Trigon- oder Quadrat-Weg angekommen ist, ziemlich verblasst. Während der zwei Jahre dauernden Auslösung wird höchstwahrscheinlich auch das Trigon irgendwann eine harte Herausforderung sein. Auf der andern Seite habe ich bei bisherigen Pluto-Quadraten und Oppositionen viele Beispiele beobachtet, die weit positiver waren als erwartet, und bei denen eine runde Lösung des Problems gefunden wurde, beziehungsweise eine tiefgreifende Heilung von seelischen Wunden.

Wenn sich Pluto-Trigone, -Quadrate usw. auch bei der Diagnose und bei der Problem-Beschreibung nicht eindeutig auseinander halten lassen, so unterscheiden sie sich doch bei der Problem-Lösung, wie ich im folgenden aufzeigen möchte.

Die Aufgabenstellung jedes Transits besteht darin, eine optimale Verbindung zwischen dem ausgelösten Radix-Talent und der Energie des Transitplaneten herzustellen. Den Geburtsplaneten stellt sich also stets die Frage, wie sie etwas dazulernen und sich weiter entwickeln können, und zwar mit einer speziellen Methode, nämlich indem sie sich Pluto zum Freund machen. Es geht darum, die Themen des Steinbock-Pluto als Methode zu erkennen, um der betroffenen Geburtsanlage mehr Intensität zu verleihen. Die Aspektklassen zeigen nun verschiedene Wege, wie wir uns Pluto zum Freund machen könnten.

Konjunktion

Eine Konjunktion hat den Charakter der Verschmelzung. Der betroffene Geburtsplanet, welcher im aktuellen Fall ja im Steinbock steht, sollte also zu Pluto sprechen: „Ja, ich will dich zum Freund machen, und zwar ganz und gar. Lass mir etwas Zeit, ich will erst prüfen, bevor ich mich ewig binde. Aber ich bin nicht bereit, halbe Sachen zu machen. Entweder die vollständige Integration oder gar nichts! Ich will eine Konjunktion wie Pech und Schwefel, gemeinsam werden wir unschlagbar sein!" Es ist zu empfehlen, Pluto über die für eine Konjunktion typische Haltung zu integrieren: Wir suchen den Punkt der intensivsten Vereinigung. Das archetypische Bild für die Konjunktion ist die Vereinigung von Mann und Frau und die Zeugung eines Kindes. Ein Kind hat Anteile von beiden Partnern und ist doch etwas Drittes, Neues, Einmaliges. Bei der Konjunktion sollten sich Pluto und der Radixplanet fragen: Was kann Neues entstehen, das mehr ist, als jeder Einzelne von uns? Das zu zeugende Kind kann ein bestimmtes Projekt sein, eine berufliche Leistung, eine Beziehung oder auch ein gesundheitlicher oder psychologischer Kraftgewinn. Die Methode der Konjunktion ist der Weg der Liebe, die alles verschmelzen kann.

Opposition

Die Opposition ist ein Aspekt der Gegensätze. Auch der Planet im Krebs-Zeichen sollte Freundschaft mit dem Transit-Pluto suchen, der genau gegenüber steht. Die Methode ist aber diesmal die Vereinigung der Gegensätze. Vielleicht könnte der Krebs-Planet zu Pluto sprechen: „Ich bin sehr gefühlsbetont. Wenn du nun genauso wärst, dann würden wir uns zwar vielleicht eine Weile nahe fühlen, aber auf Dauer unsere Spannung und Energie verlieren. Mich reizt an dir das Gegensätzliche, deine Steinbockfärbung und deine plutonische sexuelle Intensität, die mich aus meinen häuslichen Gewohnheiten herausreißen kann!" Die oppositionstypischen Wege der Pluto-Integration bestehen also darin, die Distanz als gespannte Anziehungskraft zu genießen. Fragen wir uns in diesem Fall: Wie könnte ich das Steinbockprinzip als genaues Gegenteil von mir zur Problemlösung einsetzen? Das Harte schützt das Weiche. Die Sachlichkeit begründet, was ich vom Bauch her geahnt habe usw.

Trigon

Das Trigon ist der Aspekt des gleichen Elements. In diesem Fall werden Planeten in den anderen Erdzeichen Stier und Jungfrau den Transit des Steinbock-Pluto erleben. Sie können sich Pluto auf dem Trigon-Weg zum Freund machen, auf dem Weg der Verwandtschaft. Sprechen wir doch zu Pluto: „Wir sind verwandt; doch vorerst erscheinst du mir fremd. Das Steinbockzeichen macht mir Stress, ich sehe lauter Unterschiede – aber ich weiß, wir kommen nur zusammen, wenn wir auf unsere Gemeinsamkeiten bauen! Orientieren wir uns nicht länger an den Problemen, sondern an den Lösungsmöglichkeiten. Welche Werte verbinden uns? Pflegen wir diese!" Die Trigon-Methode ist nicht leicht, kann aber erfolgreich sein, wenn wir uns die Mühe machen, die Gemeinsamkeit der beiden Planeten zu erkennen und dann – selbst wenn sie winzig wäre – mit großer Konzentration zu pflegen und auszubauen. Schwierigkeiten und Differenzen wird dabei keinerlei Energie gegeben. Das Hindernis, an dem die Trigon-Freunde manchmal scheitern, ist ihre Lust, gemeinsam darüber zu jammern, dass es nicht leichter geht.

Quadrat

Quadrat ist der Aspekt der Bewusstwerdung. Die betroffenen Geburts-Planeten an den Quadratstellen stehen entweder im Widder oder in der Waage. Sie sollten zu Pluto etwa so sprechen: „Ich will dich zum Freund machen, obwohl es jetzt so aussieht, wie wenn das unmöglich wäre. Das reizt mich. Wahre Freunde können sich aufeinander verlassen, weil sie Krisen überstanden haben und ihre Grenzen kennen. Erarbeiten wir uns die bestmögliche Freundschaft, die angesichts unserer unterschiedlichen Charaktere möglich ist!" Der Weg des Quadrats besteht darin, sich nichts schön zu reden, sondern die Unterscheide bewusst zu machen, analytisch genau zu erfassen, zu klären und auszudiskutieren. Beim Quadrat wird die freundschaftliche Verbindung bewusst und mit geistiger Intensität geknüpft.

Übrige Aspekte

Ich sehe den Charakter des jeweiligen Aspekts als eine Art Methode oder kosmische Anleitung, die zeigt, auf welchem Weg die Integration am besten zu bewältigen ist. Man könnte das entsprechend auch auf die kleinen Aspekte übertragen. Beim Sextil ist es nicht wie beim Trigon die enge Verwandtschaft des gleichen, sondern die lockere Verbindung zu einem befreundeten Element. Die Sextil-Planeten können sich gegenseitig unterstützen, was aber einige freiwillige Anstrengung braucht. Beim Quintil wäre die Verknüpfung als künstlerisches Spiel anzustreben, beim Halbsextil durch nachbarlichen Streit mit Aussprache usw. Ich persönlich deute nur die ptolemäischen Hauptaspekte bis zum Sextil.

Grundsätzlich bedeutsam ist der abgestufte Stärkegrad der Aspekte: Eine Konjunktion ist die stärkst mögliche Verbindung zwischen den beiden Planeten, die Opposition die zweitstärkste und so weiter. Je mehr die Kreisteilung fortschreitet, desto weniger stark und zwingend ist die Verbindung. Das Sextil etwa (in Zahlen ausgedrückt: Eins geteilt durch sechs, also ein Sechstel des Kreises) verbindet sechsmal weniger stark als eine Konjunktion. Das Sextil-Thema steht zwar im Raum, könnte aber an Intensität teilweise überlagert werden durch eine andere Auslösung im Horoskop, welche über Konjunktion erfolgt.

Auslösungen der persönlichen Planeten von Sonne bis Mars im Geburtshoroskop sind bedeutsamer, weil sie direkt in die Grundbedürfnisse eingreifen. Die Botschaft des Transit-Pluto muss durch sie in den konkreten Alltag übersetzt werden. Persönliche Planeten haben eine generell andere Schwingungsebene als die geistigen Planeten. Dem gegenüber wird ein Geburts-Neptun oder -Uranus nicht so besonders über den Transit-Pluto „erschrecken", der ja auf der gleichen Ebene wirkt wie sie. Ich behandle daher die persönlichen Planeten ausführlicher, bei denen die Herausforderung durch die wesensfremde Pluto-Energie spannungsreicher und fruchtbarer ist. Die transitierten persönlichen Planeten sind die konkreten Aktionsräume, in denen wir praktisch mit der Steinbock-Pluto-Energie konfrontiert werden.

Steinbock-Pluto im Aspekt zur Sonne

Wenn Ihre Geburts-Sonne durch den Pluto-Transit angesprochen ist, dann geht es darum, vom Mitspieler zum Regisseur des eigenen Lebens zu werden und seine Biographie selbständiger zu gestalten.

Themen
- Selbstverwirklichung
- kreative Lebensgestaltung
- Zielklarheit

Einzureißende Mauer
- falscher Stolz
- Ausreden, übertriebene Pflichterfüllung
- Regeln, die durch Vaterfiguren gesetzt wurden

Angst
- vor Autoritäten
- vor der eigenen Schöpferkraft
- vor der Entwicklung der eigenen Autorität

Potential
Die bisher eingemauerten Talente, welche wir nun auferstehen lassen könnten, sind aus der Geburtsposition der Sonne nach Haus, Zeichen und Aspektlage zu deuten. Archetypische Sonnen-Talente sind folgende:
- ausstrahlungsstarke Persönlichkeit
- kreative Spielfreunde
- Lust auf Abenteuer

Die Angst vor der Selbstverwirklichung zeigt sich oft in angepasstem Rollenverhalten. Wir missbrauchen dann unsere Sonne-Fähigkeiten, um stets jene Rollen zu spielen, die man gerade von uns verlangt, und hoffen dabei wenigstens Anerkennung zu erhalten. Die Sonne ist aber nicht dazu da, im Strahlenkranz anderer mitzutanzen, sondern selbst ein strahlendes Zentrum zu sein und eigenes Licht zu zeigen. Unsere Sonne will nicht, dass wir im vorgegebenen Rahmen funktionieren, und Erwartungen anderer Leute erfüllen, sondern dass wir unsere Biographie individuell gestalten. Vielleicht hilft uns Pluto – notfalls mit dem Mut der Verzweiflung – ein paar angepasste Gewohnheiten zu durchbrechen und Ecken und Kanten zu zeigen. Solange der Transit über Ihre Sonne andauert, empfehle ich Ihnen, immer mal wieder der Satz auszuprobieren: „Ich bin eine machtvolle Persönlichkeit!" Arbeiten sie mit den Widerständen die dabei eventuell aufkommen; nutzen Sie die kraftvolle Vitalität, welche hochkommt, wenn die Widerstände schließlich gebrochen sind.

Kinder probieren verschiedene Identitäten im Spiel aus. Sie sind für einige Zeit Hexe, dann Engel, dann Pippi Langstrumpf, ihre Sonne übt das Spiel verschiedener Identitäten. Jeder Mensch hat das Recht, sich gelegentlich neu zu erschaffen. Sie erhalten unter dem Transit des wandelnden Pluto Gelegenheit, das wieder zu lernen. Falls Sie anschließend die Rückmeldung bekommen, Sie wären früher berechenbarer und pflegeleichter gewesen, dann wissen Sie, dass die Übung gelungen ist.

Wie immer beim Thema Sonne ist die Auseinandersetzung mit dem väterlichen Vorbild ratsam. Unter dem Pluto-Transit könnten wir uns fragen, wie viel Stärke uns der Vater vorgelebt hat. Die Frage kann auch zu allen anderen Personen mit väterlicher Funktion gestellt werden. Ein Ziel dieses Transites ist es, dass wir ausstrahlungsstärker werden und vermehrt als machtvolle Persönlichkeit auftreten. War der Vater uns darin Vorbild? Oder abschreckendes Beispiel? Gleichgültig, ob wir ihn als Kerkermeister oder als Befreier empfunden haben – in beiden Fällen können wir etwas daraus lernen. Was war Vaters stärkste und schöpferische Seite? Wie könnte ich dieses Erbe in mir wecken und es für meine Ziele einsetzen?

Steinbock-Pluto im Aspekt zum Mond

Wenn Ihr Mond angesprochen ist, dann geht es darum, die Seele zu pflegen und die eigene Emotionalität auszuleben.

Themen
- das innere Kind
- Geborgenheit suchen und geben
- Familie und Wohnsituation

Einzureißende Mauer
- unterdrückte Gefühle
- Ruf nach Mutterbrüsten und Ersatzbefriedigungen
- familiäre Machtspiele

Angst
- vor den eigenen Gefühlen
- vor Bedürftigkeit, Abhängigkeit
- oder vor dem Verlust der bequemen Opferrolle

Potential
Die bisher eingemauerten Talente, welche wir nun auferstehen lassen könnten, sind aus der Geburtsstellung der Mondes nach Haus, Zeichen und Aspektlage zu deuten. Mond-Talente gibt es beispielsweise in folgenden Bereichen:
- kindliche Spontaneität und Lebendigkeit
- poetische und emotionale Fähigkeiten
- hilfreiche innere Stimme

Familiäre Machtspiele laufen ab, wenn wir jemanden an uns fesseln, statt ihn frei zu lassen, und umgekehrt, wenn wir durch unser Opferdasein Familienmitglieder erpressen. Täter in Familiendramen halten sich fast ausnahmslos selbst für Opfer oder tun es subjektiv aus Liebe. Das Bild vom Turm lässt an das englische Sprichwort „my home is my castle" denken, welches das Zusammenspiel von Krebs und Steinbock (oder Mond und Saturn) illustriert. Wenn jedoch das „castle" zum Gefängnis geworden ist, dann wäre ein Blitzschlag zu begrüßen. Ob wir dadurch unser Zuhause verlieren? Oder unser Gefängnis? Das unterliegt wieder der persönlichen Bewertung.

Nur die konkrete Analyse der persönlichen Situation kann erhellen, welche Entwicklungsschritte nötig sind. Oben wurden Fälle beschrieben, in denen es „zuviel" Familie gibt; wer andererseits bisher völlig familien- und bindungslos gelebt hat, wird durch Pluto aufgerufen, den eigenen Nesttrieb nicht zu vergessen.

Mond steht gleichzeitig für das innere Kind und für die eigenen mütterlichen Talente. Beides sollte jetzt intensiv zu seinem Recht kommen. Irgendwo Geborgenheit finden und Geborgenheit geben (z.B. einem Kind) fühlt sich sehr ähnlich an, und eins kann unter Umständen das andere ersetzen. Man sollte die Einseitigkeit jedoch nicht übertreiben. Wer lange Zeit für Andere gesorgt und die Mutter gespielt hat, sollte jetzt auch selbst Geborgenheit suchen und alles daran setzen, sich selbst „eine gute Mutter" zu sein!

Bei starken Mond-Auslösungen empfiehlt es sich stets, an Ressourcen aus der mütterlichen Erblinie anzuknüpfen. Was hat Ihnen die Mutter an Emotionalität vorgelebt? Was können Sie davon übernehmen? Aufgabe bei diesem Pluto-Transit ist es, Weiblichkeit als etwas Vitalisierendes und Verwandelndes zu erleben und zu feiern. Unabhängig davon, ob die Mutter uns dabei behindert oder gefördert hat – jetzt ist die richtige Zeit, um die mütterlichen Energien aufzunehmen, in sie einzutauchen und sie mit Plutos Hilfe so zu heilen oder zu verwandeln, dass positive Emotionen strömen können.

Steinbock-Pluto im Aspekt zu Merkur

Wenn Ihr Merkur angesprochen ist, dann geht es um Ihre Geisteskräfte, um Wissensdrang, freie Meinungsäußerung, sowie um den freien Fluss der Energie zwischen Seele und Körper.

Themen
- zuhören, sprechen, schreiben, kommunizieren
- lernen
- Gesundheit

Einzureißende Mauer
- angelernte Beurteilungen und Verurteilungen
- Negativdenken, Sarkasmus
- unterdrückte Neugier

Angst
- vor Meinungsäußerung
- Angst, für dumm oder inkompetent erklärt zu werden
- vor Krankheit

Potential
Die bisher eingemauerten Talente, welche wir nun auferstehen lassen könnten, sind aus der Geburtsposition des Merkur nach Haus, Zeichen und Aspektlage zu deuten. Die grundlegenden Merkur-Talente sind die folgenden:
- analytische Fähigkeiten
- Lust zu denken, zu fragen, sich mitzuteilen
- gute Immunstärke, fließende Heil- und Selbstheilkräfte

Merkur hat eine besondere Methode, die eigenen Ängste zu unterdrücken: Er tarnt seine Angstreaktionen als vernünftiges Verhalten und findet hundert logische Argumente, warum alles sinnlos sei. Es gibt zwar durchaus Gründe für Misstrauen, Negativdenken und Verschwörungstheorien; oftmals aber steckt dahinter ein fast vergessenes frühes Schlüsselerlebnis, das Angst hervorrief. Pluto könnte uns helfen, diesen schmerzhaften Erfahrungen „todesmutig" ins Auge zu blicken. Geben wir unseren Ängsten nicht länger Macht über unser Denken, sondern nutzen wir unser Denken, um ihrer Herr zu werden!

Der Transit bietet eine schöne Gelegenheit, Negativsätze wie „ich bin zu dumm", „meine Wahrnehmung ist falsch und wertlos" oder „ich muss noch viel lernen" umzuformulieren. Die unter Pluto im Steinbock anstehende Erneuerung der Wissenschaft gelingt besser, wenn mehr Menschen ihre eigene Meinung ab heute machtvoll in die Diskussion einbringen, auch wenn diese bisher noch nicht konsensfähig war. Unter diesem Transit will unser innerer Forscher, der tausend Fragen stellt, zu seinem Recht kommen. Eine gesunde Neugier kann entwickelt werden, ein Suchen nach Gründen und Hintergründen.

Die Kommunikations- und Verbindungsfunktion Merkurs betrifft nicht nur die Zwillinge-Bereiche Denken und Kommunikation, sondern auch das Zusammenspiel von Psyche und Soma, also von Seele und Körper, wie sie das Erdzeichen Jungfrau symbolisiert. Wir könnten unter dem aktuellen Pluto-Merkur-Transit die Magie des Lebens und der Heilung besser verstehen lernen und nach neuen Methoden Ausschau halten. Man kann nicht nur psychosomatisch krank werden; besonders während einer Pluto-Phase funktioniert dieser Vorgang auch umgekehrt: Heilende Gedanken und seelische Gesundung verändern den Körper mit.

Steinbock-Pluto im Aspekt zu Venus

Wenn Ihre Venus angesprochen ist, dann stehen Sie vor der großen Frage: „Was will ich anziehen?" Damit sind natürlich nicht nur die Klamotten gemeint, sondern auch Menschen, Werte, Ideen. Woran will ich mich binden? Welche Bindungen sind wirklich bereichernd?

Themen
- Liebe, Eros, Bindung, Sympathien und Antipathien
- Ästhetik, Kreativität und Kunst
- Essen, Geld und Werte

Einzureißende Mauer
- das Korsett des Anstands, erotische Tabus
- Verlustangst und Besitzwahn

- Selbstabwertungen (z.B. ich bin hässlich, ich kann nicht singen, usw.)

Angst
- nicht geliebt zu werden oder verlassen zu werden
- zu verhungern (auch emotional oder geistig)
- vor Verlust der Sicherheit

Potential
Die bisher eingemauerten Talente, welche wir nun auferstehen lassen könnten, sind aus der Geburtsstellung der Venus nach Haus, Zeichen und Aspekten zu deuten. Mögliche Venus-Talente sind:
- die Kraft, sich selbst zu lieben und wertzuschätzen
- Liebes-, Lust- und Bindungsfähigkeit
- Mut zum eigenen Wertesystem

So wie der Stier dem Skorpion als Opposition gegenübersteht, ist auch Venus Gegen- und Ergänzungsplanet zu Pluto. Das Thema heißt damit: Binden und Lösen. Zuerst einmal stehen beide Planeten für den Wunsch sich zu binden und intensiv mit einem Menschen oder sonst etwas zu vereinigen. Wenn für die gewonnene Nähe jedoch ein zu hoher Preis bezahlt werden muss, hat Venus die Tendenz weiterhin gute Miene zum bösen Spiel zu machen, während Pluto eher nach Wandlung und Veränderung strebt.

Wer sich in einer Beziehung wie im Turm eingesperrt fühlt, sollte zuerst fragen, wer ihn eigentlich gebaut hat. Ist es der Partner, der einen gefangen hält? Vielleicht haben wir uns auch selbst eingemauert, um vor Veränderungen und Versuchungen sicher zu sein. Es gibt übrigens zwei Venus-Pluto-Strategien zur Verbesserung der Lage, eine nach innen und eine nach außen gewandte. Die erste besteht darin, die Beziehung zu erhalten und zu wandeln. Dabei nutzt man die schützenden Mauern, intensiviert im inneren die Auseinandersetzung, um mit allem, was in der eigenen Macht steht, eine Veränderung oder Heilung des Übels zu erreichen. Man stürzt sich also mit therapeutischer Intensität auf die krisenhafte Liebe. Eine solche Strategie baut auf den bewahrenden Charakter Plutos, der nichts leichtfertig loslässt.

Die zweite Strategie besteht darin, aus der Beziehung auszubrechen; sie geht nach außen. Wenn wir die Lage nüchtern und ehrlich analysieren (Steinbock) und in die tiefsten Schichten der Seele hineinfühlen (Pluto), dann erkennen wir auch, wann eine Beziehung einfach nicht mehr zu retten ist. Die Mauern werden zum Gefängnis, und dagegen hilft nur die Abbruchbirne.

Menschen, die zu schnell abhauen, wenn es in Beziehungen ernst wird, könnten unter diesem Transit vielleicht lernen, dass es gar nicht so gefährlich ist, sich tiefer einzulassen, sondern auch sehr lustvoll. Fragen Sie sich in dieser Phase also immer wieder, in welchem Verhältnis bei Ihnen Bindungswunsch und Veränderungswunsch stehen.

Pluto könnte die Wertesysteme der Venus in Frage stellen. Wenn Sie entdecken, dass Sie irgendwo zu sehr festhalten, dann ist jetzt Loslassen angesagt. Diese etwas schematische Deutung, die man in den Büchern über Pluto immer wieder liest, trifft aber lang nicht überall zu. Das Bedürfnis, etwas zu bewahren, zu schützen und wachsen zu lassen ist durchaus auch im Sinne Plutos, der ja mit dem Skorpion verwandt ist, einem stabilen fixen Tierkreiszeichen. Kritisch wird es erst, wenn das Festgehaltene nicht mehr leben und wachsen darf. Pluto ist nur gegen die vor Jahrzehnten angstvoll unter dem Bett versteckten D-Mark-Scheine, nicht gegen Kapital, das investiert wird. Wenn Besitz zu Energie wird, und lebendiges Leben mehrt, dann ist Plutos Wandlungsbedürfnis befriedigt, und die Venus genießt in vollen Zügen.

Venus als Verwandte des naturhaften Stierzeichens, die jetzt zusätzlich von einem Transit aus dem Erdzeichen Steinbock angestrahlt wird, braucht Kontakt zur Natur. Während dieser Zeit kann Natur heilend und stärkend sein. Suchen Sie bei allen Problemen möglichst nach natürlichen und naturnahen Lösungen.

Steinbock-Pluto im Aspekt zu Mars

Wenn Ihr Mars angesprochen ist, dann will sich Ihre wilde und vitale Seite zeigen. Es geht um Ihr Aggressions- und Kampf-Potential.

Themen
- Bewegungsdrang, Wildheit, Trieb und Lust
- kämpfen und siegen
- Sexualität

Einzureißende Mauer
- blinder Zorn, Selbstzerstörung
- unterdrückte (sexuelle) Triebe
- lustlose Langeweile

Angst
- vor Streit, vor Niederlagen
- vor Krieg, Männern, Angreifern
- vor dem Erfolg (Selbstverhinderung)

Potential
Die bisher eingemauerten Talente, welchen wir nun zur Auferstehung verhelfen könnten, sind aus der Radix-Position des Mars nach Zeichen, Haus und Aspektlage zu deuten. Mars-Talente sind beispielsweise die folgenden:
- Motivation und Vitalität
- ansteckende Spontaneität
- lustvolle Sexualität

Bei Mars-Auslösungen ist zu unterscheiden: Wo habe ich bisher eher zuviel Mars gelebt, zwanghaft siegen müssen und dabei verbrannte Erde hinterlassen? Auch zartbesaitete Personen kennen einzelne Situationen, in denen ihr Mars zum Tier wird. Zerstörerische Mars-Energie kann unter Pluto-Einfluss psychologisch geschickter eingesetzt oder auf andere Ziele gelenkt werden. Wo sich das Mars-Potential konstruktiv zeigt, da freuen wir uns zwar über Erfolge und Siege, beherrschen aber auch die Kunst des Scheiterns; wir wissen den Misserfolg als wichtige Lektion zu schätzen.

Sollten Sie jedoch zum Schluss kommen, dass Ihr Mars bisher eher zu kurz kommt, dann ist die Stoßrichtung des Transits selbstredend eine andere. Wenn außer Ihnen selbst kein Mensch Ihren Zorn und Ihre Fähigkeit laut zu brüllen kennt, dann könnten Sie Pluto als Mutmacher einsetzen. Der negativen Tendenz Plutos, sich selbst fertig zu machen, ist dabei zu widerstehen. Sie haben Ihre Vitalität schon genug selbst kastriert. Jetzt wird es Zeit, damit nach außen zu gehen. Das graphische Symbol des Mars hat seinen Pfeil bekanntlich nach außen: Wut ist ausschließlich dazu da, anderen Menschen Stress zu machen, nicht Ihnen selber! Unter Umständen muss diese primäre einfache Funktion des Mars erneut eingeübt werden.

Bei einigen Personen wird dieser Pluto-Transit alte Ängste vor Krieg, Gewalt und Vergewaltigung wecken. Dagegen hilft die aufklärerische Steinbock-Kraft, nämlich die nüchterne Erkenntnis, dass das objektive Risiko in der heutigen Situation meist nicht sehr hoch ist. Solche irrationalen Ängste haben übrigens eine große Ähnlichkeit mit der Angst vor dem eigenen Mut. Opfer-Phantasien sind nahe Verwandte von Täter-Phantasien. Positiver ausgedrückt: Wer sich unter Mars-Pluto von starken Mächten angegriffen fühlt, sollte sich bewusst machen, dass in derselben Zeitphase auch das Potential vorhanden ist, sich machtvoll zu wehren und das Leben zunehmend eigen-mächtig zu gestalten.

Weil die marsische Kraft von sich aus keine bestimmte Richtung hat, ist es gut, ihr ein Ziel zuzuordnen. Suchen Sie doch entsprechend der persönlichen Färbung Ihres Mars ein Projekt, wofür Sie kämpfen könnten. Im Zweifelsfall wählen Sie das größere Ziel, denn Pluto bringt jetzt aus dem Unbewussten eine mächtige Portion Zusatz-Energie.

Steinbock-Pluto im Aspekt zu Jupiter und Saturn

Die gesellschaftlichen Planeten Jupiter und Saturn verhelfen uns zu einem guten Zusammenspiel mit den Mitmenschen, zu einer sinnvollen Teilhabe an der Welt. Wenn wir während des Pluto-Transits dabei auf Mauern stoßen, so sind es oftmals Mauern mit historischer und politischer Tradition. Daher ist es meist nicht sachdienlich, als subjektiver Einzelkämpfer mit dem Kopf gegen die Wand zu rennen, in der Hoffnung, dass die Mauer zur Einsicht kommen und nachgeben werde. Wir brauchen Verbündete. Je mehr wir die kollektive Dimension mit einbeziehen, desto machtvoller können wir vorgehen. Es geht bei Jupiter um die Erneuerung von weltanschaulichen Grundsätzen, von Moden, Lebensstilen usw. Bei Saturn sind Anstand, Regelsysteme und Gesetze zu hinterfragen. Dabei auftretende Ängste richten sich mehr als bei den persönlichen Planeten auf die Zeitumstände; bei Jupiter auf den Verlust von Bewegungsraum und Freiheit, bei Saturn auf den Verlust von Ruhe und Sicherheit.

Beim Transit über Jupiter wäre Gelegenheit, die Mauer der Bescheidenheit einzureißen und endlich Grosses zu wagen, denn Jupiter und Pluto haben eine Tendenz zum Großartigen. Wir könnten einer Wahrheit machtvoll zum Durchbruch verhelfen, für uns und andere Freiheit und Menschlichkeit erkämpfen.

Personen, welche schon immer missionarisch tätig waren, stehen jetzt vielleicht vor der Mauer der Selbstüberschätzung und Besserwisserei. Wieder stellt sich die Frage, welche Angst im Turm eingemauert ist. Es könnte die Angst sein, dass man nur Mensch und nicht Gott ist. Es könnte aber auch die Angst vor dem Erfolg sein: Wenn die Angst verschwände, würde man plötzlich zu predigen aufhören und hätte eine Menge Energie frei, um Neues aufzubauen. Schon fragt der alte Jupiter: „Soll ich mir etwa persönlich die Finger schmutzig machen, um zuletzt womöglich nur ein Teilziel zu erreichen?" – „Ja", sagt der Steinbock-Pluto.

Mit Jupiter und Pluto begegnen sich mythologisch Himmel und Hölle. Betroffene dieses Transits tun gut daran, über die dialektische Verbindung von Licht und Schatten nachzudenken und dabei beides nicht allzu dogmatisch zu trennen, sondern kreativ zu mischen. Fragen Sie sich doch einmal: Was ist das Schlimmste und Übelste, das meiner Meinung nach verboten oder erschossen gehört? Je intensiver Sie sich dagegen wehren, desto mehr Energie geben Sie ihm. Vielleicht gelingt es Ihnen, mit Plutos wandelnder Kraft das Böse zu entzaubern oder gar in Gutes zu verwandeln. Zur Vorbereitung sind kleine Umdenk-Übungen hilfreich: Erkenne ich das Gute im Bösen? Erkenne ich das Böse im Guten? Steinbock-Pluto wird Ihnen hilfreich zur Seite stehen, wenn Sie einmal nach den Schattenseiten des Erfolgs suchen und diese gedanklich durchleuchten. Dasselbe gilt beim Bewusstmachen der positiven Nebeneffekte des Schattenhaften.

Die Kombination Saturns mit Pluto wurde bereits im fünften Kapitel in anderem Zusammenhang besprochen. Die dort entwickelten Inhalte können entsprechend modifiziert auf alle Pluto-Transite zum Geburts-Saturn übertragen werden. Wenn ein solcher für Sie ansteht, dann begeben Sie sich doch mal in einer stillen Stunde ins alte Latium (siehe Kapitel 2). Lassen Sie die Begegnung dieser beiden Gestalten auf sich wirken und spüren Sie nach, welches steinige Feld für Sie zum fruchtbaren Acker werden könnte?

Saturn und Pluto symbolisieren beide auf unterschiedliche Weise Tod und Wiedergeburt. Saturns Sichel mäht Kornähren ab. Dadurch erhalten die Menschen Nahrung zum Überwintern und Saatgut für den nächsten Frühling. Diese Transitphase scheint also geeignet, um über Zyklen nachzudenken, um sich die eigene Sterblichkeit bewusst zu machen. Wir können auf die aktuelle Wegstrecke unserer Lebenswanderung zwischen Geburt und Tod schauen. Manchmal hilft es, sich bewusst zu machen, dass unser Leben begrenzt ist und wir sein Ende nicht kennen, um so herauszufinden, was heute in der Gegenwart wirklich wesentlich ist.

Steinbock-Pluto im Aspekt zu Uranus, Neptun und Pluto

Bei Uranus geht es um die Freiheit und um ihre wandelnde Kraft. Ferner um die Angst vor der Freiheit und deshalb auch um die Mauer, hinter der wir uns möglicherweise verschanzt haben, damit wir uns der Freiheit nicht stellen müssen.

Bei Neptun geht es um unsere Antennen zur Welt des Unsichtbaren, um die verwandelnde Macht der Spiritualität, die Angst vor der eigenen Medialität und um die Mauer, die uns davor schützt. Dabei gibt es die Mauervariante Selbsttäuschung und Selbstbetäubung, welche dem negativ gelebten Neptun entspricht, sowie die Variante des Gegenprinzips Merkur: Die Mauer der Verstandeskontrolle.

Beim Transit über den Geburts-Pluto ist die Macht des Unbewussten und überhaupt unser Machttrieb angesprochen. Pluto ist die Fähigkeit des Menschen, über sich selbst hinauszuwachsen, unser Wunsch, zumindest für einige Zeit an einer magischen Intensität teilzuhaben, die größer ist als wir selber. Wenn wir dabei vor einer Mauer stehen, dann kann das nur die Angst vor dieser inneren Stärke sein. Bricht die Mauer, so werden wir beschenkt mit Stärke und mit der Erkenntnis, dass unser Ego sie nicht willentlich herstellen kann. Hier wirkt etwas, das größer ist als wir. Wir fühlen uns daneben klein, gerade weil wir zeitweise an der Größe teilhaben durften. Pluto hat meist etwas Paradoxes.

Entscheidend ist bei Uranus, Neptun und Pluto deren Häuserstellung. Der Aspekt des Transit-Pluto an sich ist für geistige Planeten keine besondere Herausforderung. Sie bewegen sich auf ähnlicher Ebene.

Die Auslösung eines geistigen Planeten ist in erster Linie die Auslösung des Geburts-Hauses, in dem dieser steht. Dort ist der Schauplatz des zu erwartenden Prozesses. Steht beispielsweise der Geburts-Uranus im vierten Haus, dann ist die Familie der Ort, an dem die oben beschriebene Auseinandersetzung mit dem Freiheitsdrang ausgetragen wird. Für dieses Häuserthema gilt dann der im dritten Kapitel beschriebene drei-stufige Prozess:

- Fall von Ängsten und Mauern
- Hervorwachsen neuen Lebens aus Ruinen
- Auferstehung von bisher verborgenen Kräften.

Denken Sie dabei jeweils an das Haus, in dem der ausgelöste geistige Planet im Geburtshoroskop steht. Dieser Häuserbereich ist der „Ort der Handlung", dort können Sie mit der Renovierungsarbeit anfangen.

In zweiter Linie spielen angehängte persönliche Planeten eine Rolle. Bleiben wir nochmals beim Beispiel eines Uranus im vierten Haus. Wenn dieser nun im Geburtshoroskop ein Trigon zu Venus hat, dann handelt es sich bei dieser Uranus-Auslösung zusätzlich um die Frage von Liebe und Bindung, sowie um die Dialektik von Binden und Lösen in Sachen Beziehungen. Der aspektierte persönliche Planet ist demnach mit betroffen. Im individuellen Fall können Sie dann den Abschnitt mit der Deutung des entsprechenden Planeten oben nachlesen.

Steinbock-Pluto im Aspekt zum Aszendenten

Wenn der Transit-Pluto einen Aspekt zu Ihrem Aszendenten bildet, dann sollten Sie zuerst einmal abwägen, auf wie viele Minuten genau die standesamtliche Geburtszeit wohl zuverlässig ist. Wenn Sie zum Schluss kommen, dass die Geburt auch eine Viertelstunde davor oder danach liegen könnte, dann wäre es besser, den Transit zu vergessen und überhaupt nicht zu deuten, bei noch größerer Unsicherheit erst recht nicht. Ich habe mir angewöhnt, Klienten nicht mit so vagen Zeitangaben zu verunsichern. Im vorliegenden Fall müsste ich die Deutung ja ergänzen durch die Auskunft: „Vielleicht findet das alles auch erst in ferner Zukunft statt, oder Pluto ist schon vor zwei oder drei Jahren an Ihrem Aszendenten vorbeigelaufen." Wer bei sich selbst beobachten und forschen will, kann das natürlich immer tun, aber gegenüber Außenstehenden rate ich zur Vorsicht.[14]

Ein Pluto-Transit über den Aszendenten stellt uns vor die Aufgabe, unsere Identität zu überprüfen. Wofür halte ich mich? Wofür halten mich andere? Wer bin ich wirklich? Manche Menschen haben ein bewundernswert klares Selbstbild, das in der ersten Zeit des Transits durcheinander geraten dürfte, damit nach und nach neue Schichten des Wesens integriert werden können. Wer sich selbst bereits sehr differenziert und vielgestaltig sieht, wird vermutlich durch den ersten Pluto-Besuch mit noch weiteren Teilpersönlichkeiten in sich konfrontiert werden.

In beiden Fällen sollten wir den Versuch wagen, das Problem mit Pluto-Methoden anzugehen: Leihen wir uns von Pluto doch die Tarnkappe! Wir tun, wie wenn wir gar nicht da wären. Ich rate natürlich niemandem, sich zu verstecken, im Gegenteil, das Ziel des Pluto-Transits zum Aszendenten ist, dass wir uns zeigen, uns mutiger so präsentieren, wie wir sind. Aber wer sind wir? Ziehen wir also in Gedanken die Tarnkappe auf, unter der wir uns selbst nicht sehen können. Weil wir dabei dennoch dauernd ins Leben eingreifen, können wir uns dann an unseren Taten und Werken erkennen. Da wirkt etwas unsichtbar in uns. Unbewusste Triebe, Spontanhandlungen, unerwartete Erfolge, Fehlleistungen, Versprecher, all das sind Angebote Plutos, unser Selbstbild zu erweitern. Am besten beobachten wir uns selber mit jener Forscher-Neugier, mit der wir einen guten Krimi lesen: Was ist das Motiv dieses Täters? Wozu könnte dieser psychologisch hochinteressante Typ noch fähig sein?

Wenn wir die Gelegenheit ergreifen, uns einmal mit etwas zu zeigen, das wir bisher ängstlich versteckt hatten, können wir viel lernen. Oft passiert genau das Gegenteil von dem, was wir be-

---

[14] Viele Menschen verlassen sich in diesem Fall auf eine Geburtszeitkorrektur. Leider gibt es dabei so viele Ermessens-Spielräume, dass das Ergebnis selten sicher ist. Verschiedene Experten kommen auf ganz unterschiedliche Zeiten. Wem jedoch ein Korrektur-Ergebnis vorliegt, an das er sicher glaubt, kann bedenkenlos auch AC-Transite deuten. Denn der Glaube – wenn vorhanden – verleiht bekanntlich große Sicherheit

fürchtet hatten. Wir machen dann eine ähnliche Erfahrung wie jene Frau, die sich an Fasching nach einiger Überwindung diesmal nicht als Prinzessin, sondern als teuflisches Monster verkleidete, in der Erwartung damit alle Männer abzustoßen, sich dann aber vor faszinierten Blicken und Einladungen kaum mehr retten konnte.

Plutos Tarnkappe hat auch zur Folge, dass manchmal eine Lösung sich als Problem verkleidet, eine beginnende Heilung zuerst als Schmerz auftritt usw. An folgenden Leitsymptomen können Sie erkennen, dass Ihnen die Kraft von Pluto am AC nahe ist und vielleicht bald vollumfänglicher zur Verfügung steht:

- Sie zeigen ungewollt eine Ihrer Schattenseiten
- ein Geheimnis oder ein böses Wort ist Ihnen entschlüpft
- Sie haben Lampenfieber und wollen sich nicht zeigen
- ein Kampf steht an, und Sie möchten sich verstecken

Obwohl Sie vielleicht zuerst erschrecken, sollten Sie solche Erfahrungen nicht als Warnung deuten, sondern eher als Versprechen Ihres Pluto, dass er bereits über die Power verfügt, aus dieser Situation etwas Erfolgreiches und Lustvolles zu machen! Es fühlt sich schwach an, ist aber stark. Rechnen wir unter Pluto-Einfluss immer mit paradoxen Lösungen: Gleich hinter den Schatten kommt das Licht; das böse Wort eröffnet ein Gespräch und ermöglicht eine gute Einigung; das Lampenfieber kündigt eine Spitzenleistung an; die Angst vor dem Kampf treibt letztlich zum Sieg an. Solche Prozesse werden jetzt vermehrt zu beobachten sein.

Ein Transit zum Aszendenten ist gleichzeitig eine Deszendent-Auslösung, selbst wenn der Transit-Pluto im ersten Haus steht und in Konjunktion mit dem Aszendenten stehen sollte. Gleichzeitig mit dem Aszendenten werden die Themen des Deszendenten manifest: Ergänzung, Liebe und Begegnung. Lesen Sie dazu bitte oben den Abschnitt über die Venus, denn Pluto zu Deszendent wirkt sehr ähnlich wie Pluto zu Venus.

Steinbock-Pluto im Aspekt zum MC

Auch Auslösungen des Medium Coeli sind von der genauen Geburtszeit abhängig, bitte lesen Sie dazu den ersten Absatz der obigen Beschreibung des Aszendenten.

Der Besuch des Transit-Pluto beim medium coeli weckt unsere Schaffenskraft und Wirkungskraft. Unser Berufshaus[15] ist für einige Zeit an ein gewaltiges Energiekraftwerk angeschlossen. Das ist Problem und Chance zugleich. Wer an einem Projekt arbeitet, welches der eigenen Berufung entspricht oder sonstwie als sinnvoll und wichtig erlebt wird, sollte jetzt Nägel mit Köpfen machen, denn die Energie dazu kommt zu Zeit kostenlos von Pluto wie von einem inneren Kraftwerk. Wer diese an die richtigen Stellen lenkt, wird damit viel erreichen können.

Wer jedoch kein faszinierendes Lebensprojekt hat, kann Pluto nicht einfach ausschalten. Stellen wir uns jemanden vor, der von sich folgendes sagt: „Ich verwalte eigentlich zur Zeit nur irgendwelche Nebensachen und erledige für andere Leute irgendeinen Job". Auch diese Person wird an das Kraftwerk angeschlossen. Nur trifft der Starkstrom dann auf eine 30-Watt-Funzel. Das ist zuviel Energie, und der falsche Eindruck entsteht: Die Pluto-Kraft will mir schaden. Weil man überflüssigen Pluto-Strom nicht an einen Energiekonzern weiterverkaufen kann, suche man sich besser ein großes Projekt, das Starkstrom benötigt.

Noch unerfüllte Berufswünsche sind ein optimaler Nährboden, um diesen Transit zu nutzen. Woran es scheitern könnte, zeigt folgendes Beispiel. Eine Frau sagt: „Natürlich hätte ich berufliche Wünsche, aber der Acker ist einfach zu steinig. Ich habe niemals die Kraft, all diese Hindernisse wegzuräumen. Ich kann ja nicht für zwei arbeiten." Vielleicht doch, wenn Pluto hilft und wenn die Arbeit nicht für andere ist, sondern dazu dient, den eigenen brennenden Wunsch zu erfüllen! Immerhin steht Pluto jetzt 16 Jahre lang im leistungsstarken Zeichen Steinbock. Der mythologische

---

[15] Das MC, die Himmelmitte ist gleichzeitig der Beginn des Berufshauses. Es zeigt den individuellen Zugang zum Thema Beruf und Berufung.

Saturn hatte mit seinem steinigen Acker in Latium wirklich hundsmiserable Bedingungen, doch das Ergebnis – ein Weltreich – war, wenn man diese Voraussetzung bedenkt, doch ganz passabel! Allerdings hat Saturn vorher den Satz „es geht nicht" aus seinem Denken gestrichen.

Derselbe Transit betrifft immer zeitgleich auch die Himmeltiefe, den IC und damit die Spitze des vierten Hauses: Die Themen Gefühl und Geborgenheit sind zu bedenken. Da Hausfrauenarbeit immer noch nicht gesellschaftlich gewürdigt und bezahlt wird, soll hier betont werden, dass die Pflege von Kindern, Haus und Familie eine extrem wertvolle Berufsleistung darstellt, von großer gesellschaftlicher Tragweite. Wer diese Arbeit gerne tut oder gar als zeitweise Berufung empfindet, kann sicher sein, dass dabei sein medium coeli gleichzeitig freudig aufleuchtet. Für die übrigen Themen des vierten Hauses orientiere man sich an dem, was oben unter den Mond-Auslösungen gesagt wurde.

Sonstige Auslösungen

Häuser

Die Frage, durch welches Geburts-Haus Pluto gerade transitiert, halte ich für beinahe bedeutungslos. Es handelt sich ja jeweils Jahrzehnte lang um das gleiche Haus. Eine sinnvolle Anwendung der Häuserdeutung wäre die Biographiearbeit: Wenn eine alte Person ihr Leben in ganz große Epochen einteilen will, kann sie vielleicht rückwirkend erkennen, wie sich die Epochen der vier oder fünf Häuser unterscheiden, durch die Pluto seit der Geburt gelaufen ist.

Ob der direkte Übergang über eine Häuserspitze eher spürbar ist? Wer diesen deuten will, sollte sich aber nicht mit genauen Jahresangaben aufhalten, denn Häuserspitzen haben einen weiten

Orbis, und die Wirkung beginnt schon ein paar Grad vor der Spitze. Ein paar Grad heißt in unserem Fall aber ein paar Jahre. Außerdem unterscheiden sich die Häuserspitzen nach Placidus von denen anderer Häusersysteme. Wir bewegen uns hier offensichtlich auf einem sehr spekulativen Feld.

Zum Schluss folgen noch ein paar bescheidene Hinweise zu den Mondknoten, ferner zu Chiron und Lilith, zwei Deutungselementen, über deren Bedeutung es – wenige Jahrzehnte nach deren Entdeckung – noch kaum Sicherheit gibt. Sie enthalten aber eine große Faszination und seien der weiteren Erforschung wärmstens empfohlen.

Mondknoten

Die beiden Mondknoten als eine Art Grundpolarität des Lebens stellen einen Widerspruch zwischen zwei gleichwertigen Zeichen und Häusern dar.[16] Mit dieser Spannung entsteht eine Energie, die uns durch das Leben treibt, und mit der wir letztlich die Mitte zwischen den Polen suchen können. Der Pluto-Transit über die beiden Mondknoten, die ja in jedem Horoskop eine genaue Opposition bilden, sollte uns ermutigen, den jeweils schwächer gelebten Pol mehr ins Leben einzubringen. Die folgende Übung bezieht sich auf die Zeichen der Mondknoten, sie kann genauso aber auch mit den beiden Häuserthemen gemacht werden.

Übung bei Mondknoten-Auslösung

1. Schreiben Sie auf einem Zettel mit zwei Spalten links ein paar Begriffe zum Zeichen des einen Mondknotens, rechts ein paar Begriffe zum Zeichen des anderen.

---

[16] Ich orientiere mich hier an einem Mondknotenkonzept, das auf wertende Unterscheidung der beiden Knoten verzichtet und auf die Vereinigung der Pole ausgerichtet ist. Literatur: Eva Stangenberg, Die Spirale der Mondknoten im Horoskop, sechs Wege zur Mitte, Tübingen, 2004.

2. Notieren Sie in beiden Spalten, wo und wie sich dieses Zeichen in den letzten Jahren manifestiert hat. Schreiben Sie konkrete Details aus Ihrem Alltag auf.

3. Machen Sie eine Art Zwischenbilanz und markieren Sie mit zwei Farben, was Ihnen gefällt, beziehungsweise nicht gefällt. Unterstreichen Sie mit einer dritten Farbe neutrale Entsprechungen oder solche, bei denen Sie nicht entscheiden können, in welche Kategorie sie gehören.

4. Welche Seite hat Nachholbedarf? Wenn Sie beide Seiten optimal gelebt haben, dann ist die Übung zu Ende, gehen Sie feiern! Andernfalls notieren Sie auf jener Seite, die Sie fördern möchten mindestens drei Wünsche, Vorsätze, Projekte, welche diesen Pol stärken könnten.

5. Informieren Sie Pluto, dass Sie ihn bei diesen Projekten um Hilfe bitten werden. Fangen Sie mit dem ersten Schritt an und feiern Sie dann schon mal!

Die Gleichwertigkeit von auf- und absteigendem Mondknoten gilt auch dann, wenn der Pluto-Transit unmittelbar in Konjunktion über den einen Knoten geht. Auch in diesem Fall kann man nicht im voraus wissen bei welchem der beiden Pole Nachholbedarf besteht. Nur die konkrete Analyse des konkreten Einzelfalls hilft hier weiter. Die Devise der Mondknotenachse ist immer und ausnahmslos: Wenn ein Pol schwächer ist, dann gleiche aus, um zur Mitte zu gelangen.

Falls in einzelnen Bereichen Probleme oder Widerstände auftreten, können Sie die Stichwörter aus dem dritten Kapitel benutzen um Mauern, Ängste und Aufbaumöglichkeiten zu erkennen, und an dem dreistufigen Prozess zu arbeiten.

Chiron

Chiron ist eine innere Kraft, die auf unsere Doppelfunktion als Körper- und Geistwesen verweist. Er symbolisiert einerseits unsere Zerrissenheit zwischen Materie und Geist, zeigt uns aber auch einen individuellen Weg, um beides zu verbinden. Durch seine Bahn am Himmel verbindet Chiron Saturn mit den unsichtbaren Planeten, er ist die Brücke zu den geistigen Planeten.

Wenn wir an den Mythos denken, dann fordert Pluto im Steinbock nichts anderes als ein Bündnis zwischen dem erdhaften Saturn und dem geistigen Planeten Pluto. So betrachtet erscheint Chiron fast wie ein Abgeordneter der aktuellen Zeitqualität. Nutzen wir ihn doch während dieser 16 Jahre als Vermittler und Dienstleister in Sachen Pluto-Integration. Suchen Sie einfach mal, wenn Sie mit einem ihrer Pluto-Transit-Themen nicht weiterkommen Chiron in seiner Praxis auf.

Chirons Praxis ist das Haus, in welchem er in Ihrem Geburtshoroskop wirkt. Er wird sagen: „Bei einem dieser Häuserthemen liegt eine wertvolle Ressource verborgen, fast ist es ein Schatz. Jedenfalls wird es dir als Hilfsmittel dienen bei deinem Problem." Wenn Chiron beispielsweise im zweiten Haus steht, müssten wir bei den Themen Werte, Umgang mit Geld, Zugang zur Natur, Ernährung, Selbstwertgefühl usw. fündig werden. „Die wertvolle Ressource besteht nicht in dem, das du hier richtig gemacht oder geleistet hast, sondern in der gesammelten Erfahrung, auch wenn es vielleicht schwer war, sie zu erwerben." Das Prinzip der genutzten Erfahrung verbindet Chiron mit dem Steinbock-Saturn-Prinzip. Außerdem könnte Chiron vielleicht sagen: „Der Schatz ist die Akzeptanz. Reg' dich nicht auf, sondern nimm es an. Wenn du auch nur *ein* Pfund von deinem inneren Widerstand abbaust, hast du schon viel gewonnen!" Möglicherweise fragen wir zurück: Und das soll sie Lösung sein? Doch Chiron sagt: „Nein, aber du hast dadurch zwei Pfund Energie für etwas besseres gewonnen. Außerdem schläfst du besser."

Sollte Chiron selbst durch den Steinbock-Pluto ausgelöst sein, dann hätten Sie in Chirons Radix-Haus eine Art Expertenbüro für Angstbekämpfung und Aufbauarbeit zur Verfügung. Chiron wird in den meisten Büchern mit Heil- und Selbstheilkräften in Verbindung gebracht, wovon wir unter diesem Transit profitieren können. Mythologisch ist Chiron allerdings nicht nur Arzt, sondern vor allem auch Pädagoge, Astrologe, Philosoph. Man muss somit nicht unbedingt krank sein, um von ihm zu profitieren. Die Palette seiner Dienstleistungen umfasst alles, was von moderner Lebensberatung zu erwarten ist. Unter diesem Transit könnten wir uns also von dem Motto leiten lassen: Coache dich selbst – geh zu deinem Chiron!

Lilith

Beim Transit über Lilith tritt der wilde und rebellische Anteil unserer Weiblichkeit vermehrt ans Licht. Möglicherweise kann Steinbock-Pluto als Angebot gesehen werden, den Blick von der patriarchalischen Gesellschaft etwas abzuwenden, gegen die bisher rebelliert wurde und einfach das Urweibliche aus dem Bauch, dem Unterleib und der Seele herausströmen zu lassen.

Lilith ist eine Verwandte von Rhea und Gaia. Wenn der Steinbock-Pluto als Transit unsere Lilith berührt, ist das eine Gelegenheit, besser zu begreifen, dass Steinbock, Saturn und Pluto allesamt weibliche Symbole sind. Saturns Frau Rhea war es, die ihren eigenen Mann stürzte, um dem Kinderfressen ein Ende zu machen. Saturns Mutter, die urtümliche Erdgöttin Gaia, gab ihrem Kind den Auftrag, den alten Himmelsherrscher Uranus zu kastrieren. Dadurch gründete sie das goldene Zeitalter des Feldbaus und schenkte den Menschen einen regelmäßigen Rhythmus des Wachstums. Persephone schließlich, Plutos Geliebte und Frau verbindet durch das Jahreszeitengeschehen die Erde mit der Unterwelt. Sie verlässt – wenn jeweils die Zeit dazu reif ist – sowohl ihren Mann als auch ihre Mutter. Sie gehorcht nur ihrem inneren Rhythmus.

Diese drei Frauen könnten Kinder oder Enkelinnen der Lilith sein. Bei ihnen existiert keine Trennung zwischen Schatten und Licht. Alle sind Zerstörerinnen, die im Zerstören wissen, dass sie es für das Leben tun. Für das Leben bedeutet je nach Situation: Für ihre weibliche Wahrhaftigkeit, für die Kinder, für die Zukunft oder wie bei Persephone, die sich im Herbst nach ihrem Geliebten Pluto sehnt für die höllische Lust der Unterwelt. Lilith steht für die unterschiedslose Gleichberechtigung aller Lebenstriebe, der lichten wie der schattenhaften, der rationalen wie der irrationalen. Bei diesem Transit müssen alle Bewertungen vergessen werden.

Lilith, das Apogäum der Mondbahn, zeigt am Himmel jene Stelle, an welcher der Mond besonders langsam läuft und sich von der Erde weit entfernt hat. Nach meiner Überzeugung hat Lilith damit zu tun, sein eigenes Tempo zu finden. Fern von den Forderungen des irdischen Alltags meditiert Lilith über den Rhythmus des Lebens.

Wenn Ihre Lilith nun zusätzlich den Transit des Steinbock-Pluto erfährt, also einer mehrfach weiblichen Kraft, dann lassen Sie sich von niemandem sagen, was schnell gehen soll und was wichtig sei. Nehmen Sie sich die Zeit ihren eigenen Rhythmus zu finden, auch wenn das den üblichen Erwartungen widerspricht. Im weiblichen Kern der Seele ist die lineare Zeit aufgehoben. Wenn Sie also von dort aus – aus dem „Bauch" heraus – entscheiden, dann sind Sie im Einklang mit dem Fluss des Lebens. Das kann bedeuten, dass sie mit ruhiger Geduld die Hektik der Welt an sich vorbeiziehen lassen, weil Sie spüren, dass Ihre Zeit erst noch kommt. In einer anderen Situation werden Sie intuitiv handeln, mit dem Fluss fließen und schneller ans Ziel kommen als erwartet.